パーフェクトレッスンブック

ミニバスケットボール
個人技とチーム力向上ドリル

PERFECT LESSON BOOK

監修 大熊徳久（陶鎔ミニバスケットボールクラブ監督）

実業之日本社

相手ディフェンスがいても、通用するプレーを身につけよう

バスケットボールは、5人対5人で行われるチームスポーツだけに、5人による「チームプレー」がとても大切です。つまり、5人がおたがいに協力して攻撃し、ディフェンスでも5人全員で自分たちのゴールを守るということです。

でも、そうしたチームプレーは、5人による練習を行うだけではそなわりません。1人で行う基本練習を大事にしたうえで、相手ディフェンス1人に対して通用するプレーにしていくことが重要です。

まえがき

このように、自分と相手が2人で戦うことを「1対1」と言います。基本プレーがしっかりとそなわっているか確認するうえで、この1対1の練習が欠かせないと同時に、試合でも相手との1対1で負けないことがチームの勝利につながります。そのくらいにこの1対1は、バスケットボールにおいて大事な要素なのです。

そこで本書では、この「1対1」をメインテーマとして、小学生に求められる実戦的な練習を紹介していきます。そして「2対2」へと、人数を増やしていきながら、小学生に求められるチームプレーについて考えてみましょう！

大熊徳久

もくじ

第2章　相手をかわしてシュートを決める

第3章　ゴールの近くで高さと強さをいかす

第4章　ボールを持つまぎわの1対1でも相手と勝負する

もくじ

第6章 リバウンドを制するものがゲームを制する

第7章 チームメートと協力して攻撃する

もくじ

ル運びで
られない

第1章

1対1のボー
相手にボールを取

目の前の相手に勝ってチームの勝ちにつなげよう

14ページに!
相手のコートにドリブルでボールを運ぶ時

58ページに!
ジャンプシュートをねらう時

44ページに!
ドリブルでゴールに近づく時

いろいろな「1対1」の攻撃とディフェンスをおぼえる

試合では、自分と相手が2人で戦う「1対1」の状況がいろいろなところでおこります。そのシーンを分けて整理するところから始めてみましょう。

・自分のコートから相手のコートにドリブルでボールを運ぶ時
・相手のコートに入ってから、ジャンプシュートをねらう時
・相手のコートに入ってから、さらにドリブルでゴールに近づく時
・ゴールの近くでシュートをねらう時
・シュートの後、そのこぼれ球を

いろいろな

82ページに!
ゴールの近くでシュートをねらう時

156ページに!
シュートのこぼれ球を拾うリバウンド争いの時

106ページに!
マークしてくる相手をふりきる時

拾うリバウンド争いの時
・ボールを持つ前に、マークしてくる相手をふりきりたい時

このように、いろいろな「1対1」の攻撃があり、それをおさえるために「1対1」のディフェンスをおぼえなければならないのです。この1対1で目の前の相手に勝つことが、チームの勝ちにつながるわけです。

ポイント

1対1に必要なのは「心技体」

これから1対1が強くなるための技術を紹介していきますが、大事なのは「技」だけではありません。『相手に絶対負けない』という「心」を持つこと。そして身長の高さや動くスピード、そして体の強さなど「体」もかかわっていることをおぼえておきましょう。

自分のコートから相手のコートにドリブルする

腕1本分の間合い。ディフェンスにとって自分のコートではこの間合いが基本となるので、ボールマン（ボールを持っている選手）はボールを取られないように。またルール上、ゴールに近いエリアでは、ボールマンとの間合いが 1.5 メートル以内と決められています（204 ページ）

「腕1本分の間合い」が相手ディフェンスのねらい

相手のゴールにシュートを決めて得点するために、自分のコートから相手のコートにボールを運びます。このプレーのことを「ボール運び」と言います。

そしてボール運びには、２つの方法があります。チームメートにパスしてボールを運ぶ方法と、自分でドリブルしてボールを運ぶ方法です。パスを使う方法はチームプレーなので第８章（１９６ページ）で紹介します。まずは、自分のドリブルでボールを運ぶプレーから考えてみましょう。

もし目の前に誰もいなければ、ドリブルで簡単に相手のコートへと入ることが

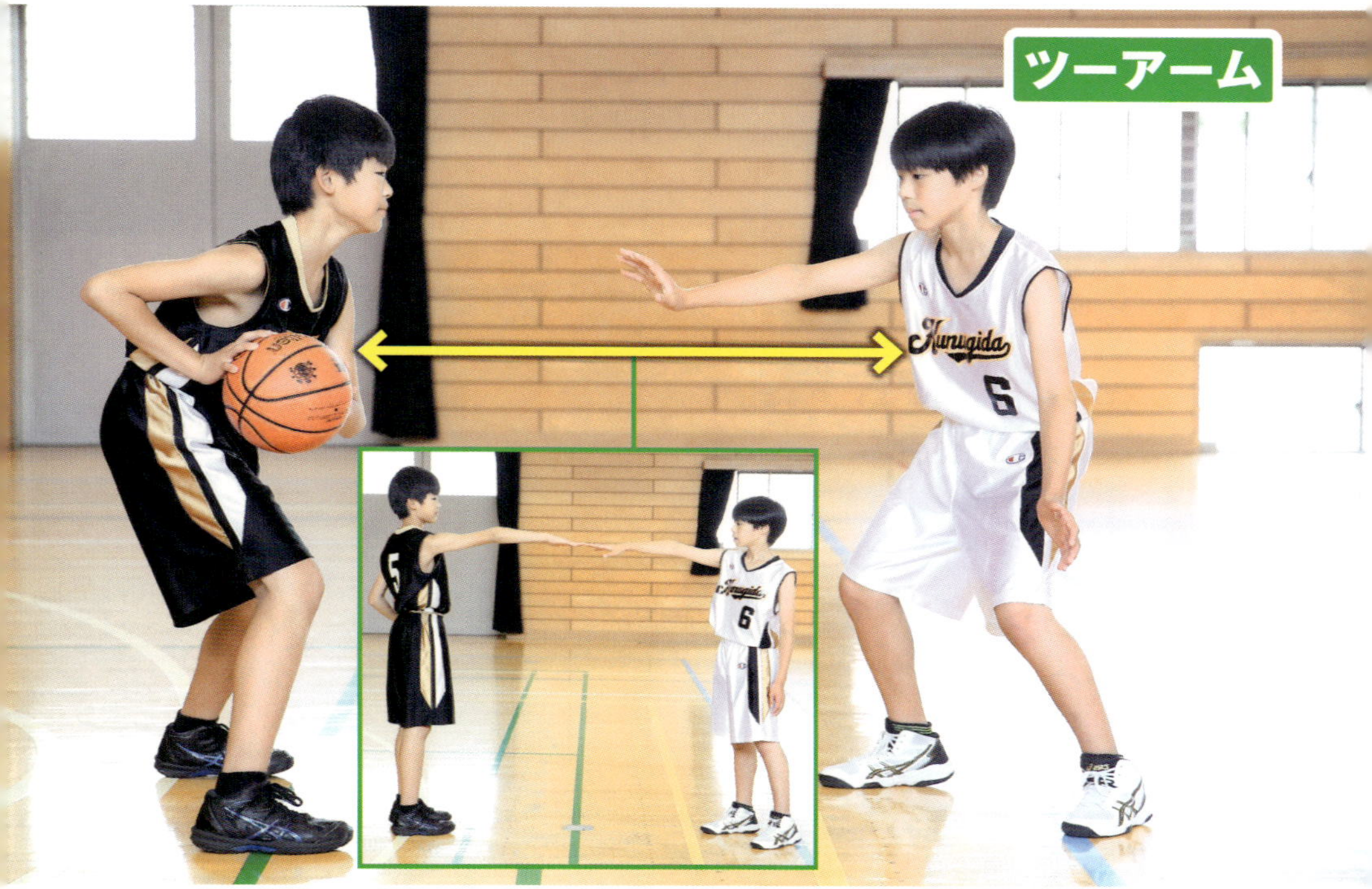

腕2本分の間合い。シュートを打たれそうにないところでは、この間合いをとるディフェンスもいます。ボールマン（ボールを持っている選手）はこの間合いをたもつか、または相手をドリブルで抜くことがボール運びのねらいです

できます。でも試合では、相手がボールを取ろうとねらっているため、注意しながらドリブルしなければならないのです。

とくに注意したいのが相手ディフェンスとの距離です。これを「間合い」と言います。相手ディフェンスは腕１本の間合い「ワンアーム」でまもることを基本とするため、それ以上の間合いをたもちながらドリブルすることが大切です。

アレンジ

間合いをたもてるように スピードをコントロールする

腕１本分の間合いが「ワンアーム」なので、腕2本分の間合いは「ツーアーム」となります。この距離をたもつことによって、相手ディフェンスにボールを取られにくくなります。ドリブルのスピードをあげるばかりでは間合いがせまくなるので、間合いをたもてるようにドリブルのスピードをコントロールしましょう。

間合いがせまくなった時のドリブル

間合いをつめる相手ディフェンスに対して半身の姿勢でボールをがっちりと持ちます

ボール―自分の体―相手という位置関係になる

相手のゴールに近づくとともに、相手は間合いをつめてきます。つまり腕1本分の間合い「ワンアーム」からさらにその距離をせまくしてディフェンスしてくるのです。その時にまず意識しなければならないのは、相手からボールを遠ざけて取られないようにすることです。

そのためには、1対1における位置関係を理解することが大切です。自分の体の前にボールがあってそのすぐ前に相手がいたら、ボールを取られやすいですよね。そこで相手ディフェンスとボールとの間に自分

腕をのばしてボールを強くつき、
相手に取られないようにします

両足を肩幅くらいに大きく開き
バランスのいい体勢をとります

の体を入れます。「ボール―自分の体―相手ディフェンス」という位置関係になるのです。

その時に腕をのばしてドリブルをつくことによって腕の長さがいかされます。また、ボールを持たないほうの手で相手の動きをガードすることも忘れないようにしましょう。

ポイント

ボールを見ないでドリブルし体で相手の動きをはあくする

このようにドリブルをつく時にボールばかり見ていては、相手の動きがはあくできずボールを取られてしまいます。それだけにボールを見ないでもドリブルできるように練習しておくことが大切です。そして相手がくっついている時は、体でも相手の動きをはあくしましょう。また、体育館にボールをつく音が鳴り響くくらいに強くつきましょう。

コートのどこからボールを運ぶか

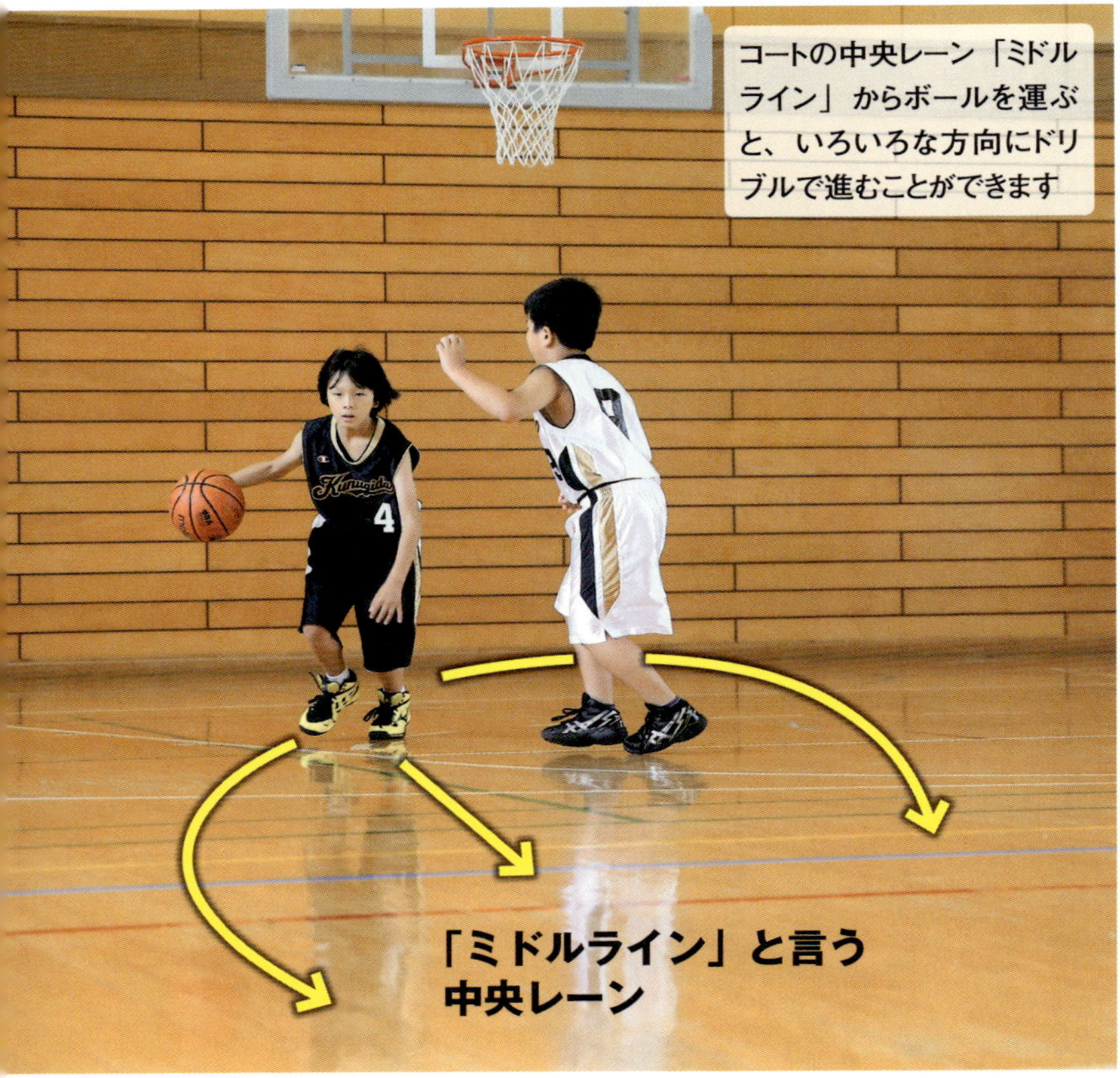
コートの中央レーン「ミドルライン」からボールを運ぶと、いろいろな方向にドリブルで進むことができます
「ミドルライン」と言う
中央レーン

サイドラインにそうようにしてボールを運ぶとあぶない

コートのなかであれば、どこでもドリブルをつくことができます。でも自分のコートから相手のコートにボールを運ぶ時には、コートの中央レーンをドリブルで進むのが基本です。このレーンを「ミドルライン」と言います。ミドルラインを進むことによって、左右にドリブルで進めるコースができやすいからです。

たとえば、サイドラインにそうようにしてボールを運んだらどうでしょう。サイドラインをこえることはできないため、ドリブルする方向を相手ディフェンスによまれてしまいます。

わるい
サイドラインにそうようにしてボールを運ぶと、サイドラインがじゃまです。それにドリブルで進む方向を相手ディフェンスによまれやすくなってしまいます
あぶない!
サイドライン

そうしてディフェンスにサイドラインの方向に追いこまれてしまうと、ミスしてしまいます。

後ろに下がったり、横方向へのドリブルも時には必要です。でもボールを運ぶ時にそればかりだと攻撃する時間がなくなってしまうので、注意しなくてはいけません。

チェック

中学生以上はセンターラインを8秒以内にこえなくてはならない

ミニバスケットボールのルールでは、攻撃側はボールを持ってセンターラインをこえるのに時間の決まりはありません。でも中学生以上のルールではセンターラインを、8秒以内にドリブルかパスでボールをこえさせないと相手ボールになってしまうことをおぼえておきましょう。ミドルラインからボールを運ぶことがより大切だということです。

チェンジオブペース

ボールを運ぶ方法を考えます

高い姿勢でゆっくりとボールをつきます

スピードに変化をつけて相手を一気に抜き去る

スピードにのったドリブルは、1対1で相手に勝つうえで大きな武器となります。が、ずっと同じスピードでドリブルしていたら、相手もそのスピードに慣れてしまいます。そこで大事にしてほしいのが「スピードの変化」です。

相手のコートへとボールを運ぶ時だけでなく、ディフェンスを抜いてシュートを決める時にも有効に使えるテクニックです。

スピードのある選手が変化をつけることによって、そのスピードがよりいきてきます。たとえ走るのが遅いなどスピードをそなえていない選手も、スピードの変化をつけることで相手ディフェンスはまもりづらくなります。

体勢を低くしてボールを前につき出します

スピードを一気にあげます

相手のコートにボールを運んだらスピードをコントロールします

アレンジ

体全体を使って相手をだます

チェンジオブペースを使う時には、スピードの変化をつけるのに加え、体全体を使うと相手をだませます。たとえば、体をおこしてゆっくりとドリブルで進みます。そして相手が油断して体勢が高くなったすきに、一気に体勢を低くしてスピードアップするのです。その時に（写真のように）顔をしっかりとあげておくように意識しましょう。まわりをよく見えるようにしておくためです。

フロントチェンジ

右手で右方向にドリブルしています

ディフェンスがコースに入ってきます

指、手首のスナップ（力）を使い、フロアに強くつきながら肩を入れます

体の前でボールを左右に動かして方向を変える

試合では、ボールを取ろうと間合いをつめてくる相手をかわしたり、攻撃する方向を変えたい時があります。そういう時に使えるのが、体の前でボールを左右に動かすドリブル「フロントチェンジ」です。

スピードを変化させる「チェンジオブペース（20ページ）」に対して、「チェンジオブディレクション」とも言います。

体の前でボールを動かすので、相手ディフェンスとの十分な間合い「ツーアーム」をとる必要があります。さらに、大きく左右にボールを動かすドリブルと、小さく左右に動かすドリブルを使い分けることも大切です。

そうしてボールを左右に動かしたら、肩を入れてボールをまもり、大きく1歩をふみ出して相手を抜き去りましょう。

✕ わるい

ボールを下からささえて、ドリブルをくり返すとダブルドリブルで相手ボールになってしまいます

アレンジ

フロントチェンジをくり返す

フロントチェンジを行った後、ディフェンスがドリブルのコースに入ってきたら、再度フロントチェンジを行うのも使えるテクニックです。ただし何度もフロントチェンジを行うと相手にプレーをよまれるので、使うタイミングや回数に注意するようにしてください。

逆の手でドリブルしながら、ドリブルで進む方向を変えながら、1歩目で抜きます

インサイドアウト

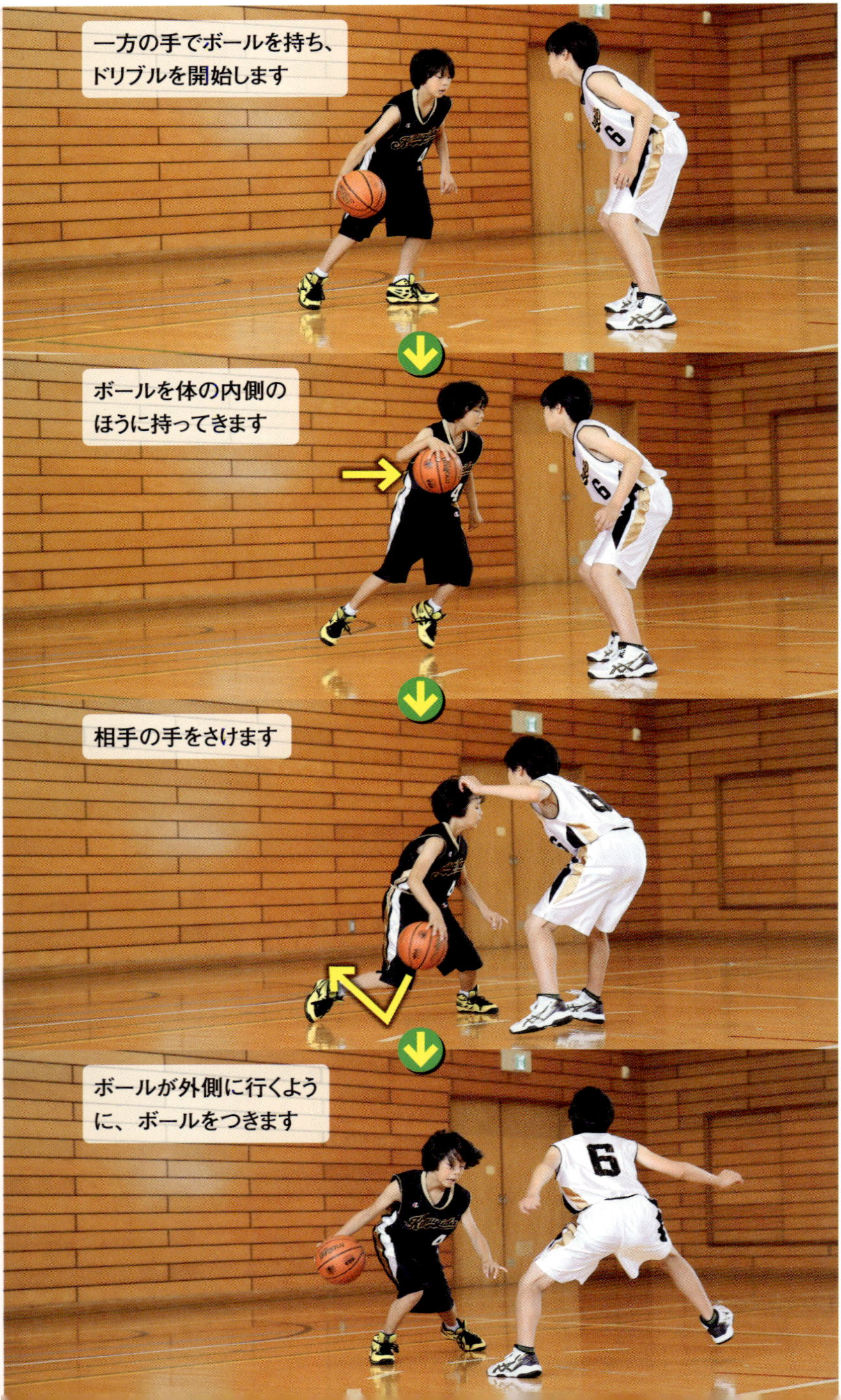
一方の手でボールを持ち、
ドリブルを開始します
ボールを体の内側の
ほうに持ってきます
相手の手をさけます
ボールが外側に行くよう
に、ボールをつきます

ボールを内側に持ってきてからそのまま同じ手で外側へと移動

ボールを左右に動かす「フロントチェンジ」に対して、相手ディフェンスは手をのばしてボールを取ろうとしたり、ドリブルのコースに入ろうとしてきます。相手がいるにもかかわらず、無理にフロントチェンジを行おうとすると、相手にボールを取られてしまいます。

そうした場面で使えるのが「インサイドアウト」というテクニックです。「インサイド」とは「内側」という意味で、「アウトサイド」とは「外側」という意味です。その文字どおり、いったんボールを内側に持ってきてから、そのまま同じ手で外側へとボールを移動させることから、「インサイドアウト」と呼ばれているわけです。

ポイント

相手に取られないように2つのドリブルを使い分ける

相手がフロントチェンジをよんでいたらインサイドアウトに、インサイドアウトをよんでいたらフロントチェンジに切りかえて、相手に取られないようにします。そしてこのドリブルを上手に行うには、ボールをあつかう感覚や手首の強さに加え、顔の向きで相手をだますことがポイントです。このようなかけひきを「フェイク」と言います。

相手ディフェンスの逆をつきます

レッグスルー

ドリブルしていて、
相手との間合いが
せまい状況です

両足をしっか
りと開きます

両足の間にボー
ルをついて左右
に動かします

ボールのいきおいを
逆の手で受け止めて、
ドリブルをつづけます

前に出している足でボールをガードする

相手ディフェンスとの間合いがせまい時など、フロントチェンジやインサイドアウトのように体の前でボールを左右に動かすドリブルを行うことが難しくなります。そういう状況で使えるのが、両足の間にボールをついて左右に動かす「レッグスルー」です。

前に出している足でボールをガードするかっこうになるため、ボールを取られにくくなります。ただし何度もレッグスルーを行うと、相手もそのドリブルをよんで対応してきます。そこで相手によまれないタイミングで使えるようになってください。前後に足を開くのではなく、ななめに開くのがポイントです。

アレンジ

再度ボールを元の位置にもどすこともできるように

レッグスルーを使う時にはとくに、ボールを見ないで行えるようになっておくことが大切です。両足をしっかりと開き、ボールを通しやすくし、まわりを見ながらドリブルしましょう。両足の開きがせまいと、ボールが足にぶつかってしまうので注意してください。また、両足の間にボールを通し終えた後を相手がねらっていたら、再度ボールを両足の間について元の位置にもどすこともできるようになっておきましょう。

ドリブルの方向を変えることができます

ビハインド・ザ・バック

背中の後ろでボールを動かしななめ前にボールをつく

相手にボールを取られにくく、ボール運びのスピードを落とさずに、左右にボールを動かすことができるドリブルが「ビハインド・ザ・バック」です。

「ビハインド」は「後ろ」を意味し、「ザ・バック」は「背中」を意味します。その文字どおり、背中の後ろでボールを左右に動かし、ななめ前にボールをつくかっこうになります。

ボールを体の前で動かさないだけに難しいテクニックなので、反復練習してから試合で使うようにしてください。

ポイント

横のほうにボールが行かないように

難しいところは、腕やひじや肩を柔らかく使ってボールをななめ前につくことです。背中の後ろでボールを動かすと最初は、横のほうにボールが行ってしまうかもしれません。そうなるとボール運びのスピードが落ちますし、相手ディフェンスにドリブルを止められてしまいます。手と反対側のお尻をたたくように行ってみてください。

後ろから　　前から

ドリブルしながら
ボールを運びます
ドリブルをつづけなが
ら、ボールを背中の
後ろに持っていきます
手首や指を使って、ボー
ルをななめ前につきます
スピードを落とさず
に、ドリブルをつづ
けて相手を抜きます

バックターン

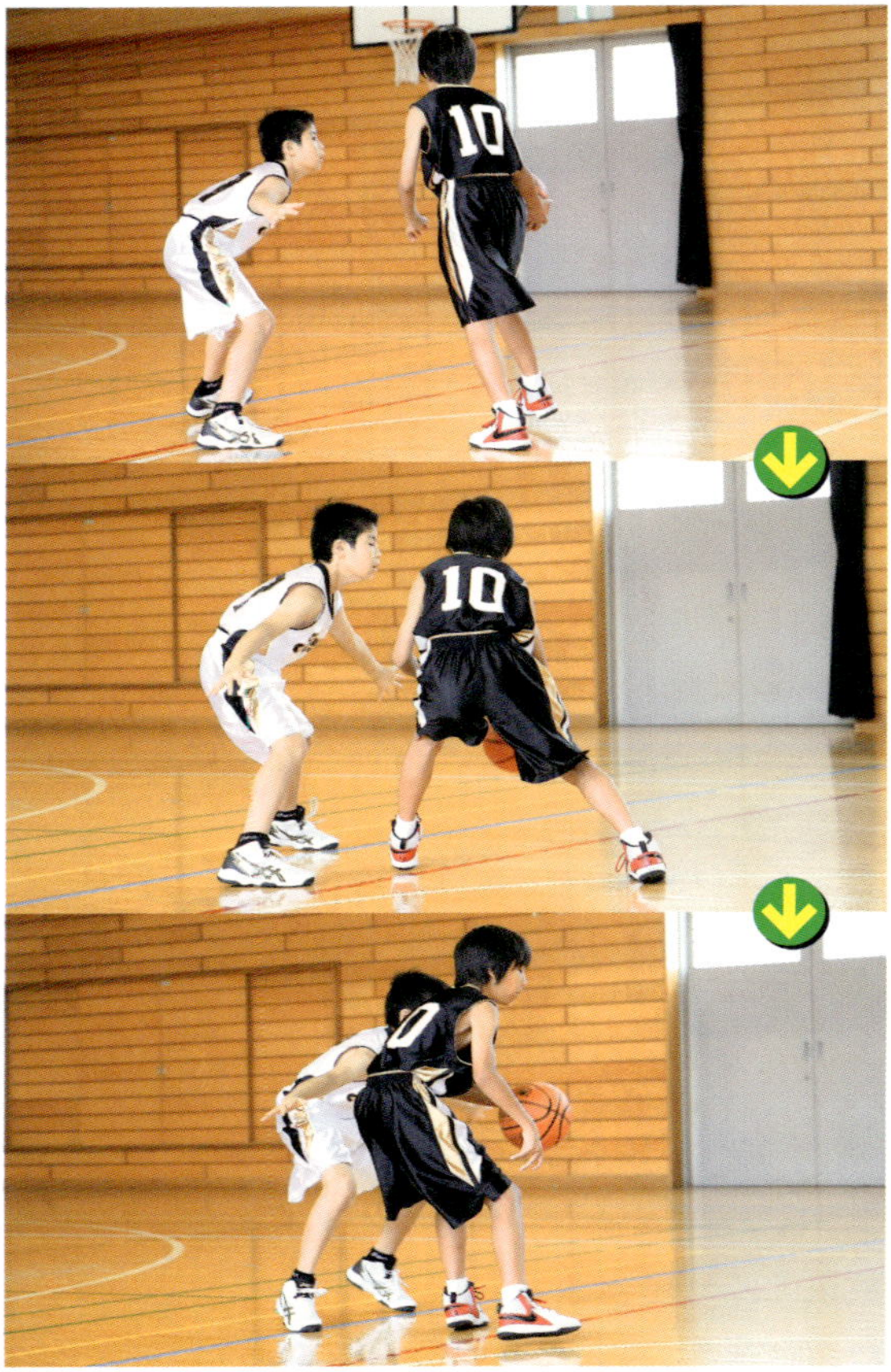

相手から離れたところでドリブルします

相手がボールを取ろうとねらっています

ターンしながらドリブルする手を、さっと変えます

後ろ向きにターンしながら手を変えてドリブルする

ドリブルするコースに相手ディフェンスが入ってきた時、またはボールを取ろうと手を出してきた時には、ボールを体でまもりながらターンするドリブルが使えることがあります。2種類あるターンのうち、ターンしながらドリブルする手をすばやく変えるのが「バックターン」です。

このドリブルのとくちょうは、ボール—自分の体—相手という位置関係になるので、ボールを取られにくいことです。ただし攻めるゴールに背を向けるかっこうになるだけ

ボールをつきながら顔を後ろにふって、ターンします

ターンを始めた時とは、逆の手でボールをつき、相手の前にボールを出さないようにドリブルします

相手を抜けていたらすばやくゴールに体を向けて、次のプレーにうつります

に、次のプレーへとうつる難しさがあります。
そのようなとくちょうを理解したうえで、バックターンを使うことが大切です。

ポイント

顔をすばやくふってターンする

バックターンで相手を抜くには、すばやいターンが必要です。とくに「顔をふる動き」が大切です。つまり、ボールより先に頭（顔）をまわして、その動きに合わせるようにターンするわけです。このターンが遅くなると、ターンしている間にボールを手でささえるミスにつながります。これは「ダブルドリブル」という反則につながってしまうので注意してください。

ロールターン

相手から離れたところでドリブルします

相手がボールを取ろうとねらっています

ボールを引きながら顔を後ろにふって、ボールを手におさめておきます

ボールを手におさめたまますばやくターンする

30ページで紹介したバックターンに似ているのが、この「ロールターン」です。ターンする時、ドリブルする手を変えるバックターンとは違い、このロールターンはドリブルする手を変えないのがとくちょうです。

体の横でついているボールに対して、相手ディフェンスが手を出してきたら、ボールを引きながらターンして、そのまま同じ手にボールをおさめたまま逆方向へとボールをつきながら進みます。

このロールターンはバックターン以上にすばやくターンしないと、

ターンしながらボールを先へ出して追いかけるようにします

逆の手ですばやくボールをコントロールします

ゴールに体を向けて、次のプレーにうつります

ボールを下から持ってしまうミスにつながってしまいます。そこでボールの上半分だけを触り、ボールを手におさめた状態をつづけられるテクニックをそなえておきましょう。

チェック

ターンした直後をねらう相手に注意

ふみ出す足は、軸足の近くを通るようにすることが大切です。このロールターンもバックターンと同様、ターンした後すぐに次のプレーにうつるのが難しいドリブルです。そして、ターンした直後をねらってボールを取ろうとする相手ディフェンスには注意しなくてはなりません。ターンして振り向いた瞬間、すぐにボールを動かして相手を抜く準備をしておきましょう。

ステップバックからフロントチェンジ

ワンアームの間合いでディフェンスされています

ドリブルをつづけながら、いったん止まります

ドリブルをつづけながら、後ろに下がります

相手との間合いを十分にとります

ボールを左右に動かすフロントチェンジを行います

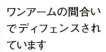

後ろに下がりながら間合いをつくる

ボール運びの基本はゴールに向かって、前へと進むことです。その動きを止めようと、相手はコースに入ってディフェンスしようとします。時には間合いをつめてくる相手もいるかもしれません。その相手を抜くことが難しい時、一度後ろにドリブルで下がることもできます。つまり相手との間合いを広くとって、まわりをよく見える状況をつくるわけです。これを「ステップバック」と言います。

ドリブルで下がる動きに対して相手がさらに間合いをつめてきたら、相手が動くいきおいを利用して、一気に抜き去りましょう。その時にストレートに（まっすぐ）、ドリブルをつき出す方法だけでなく、ボールを左右に動かすフロントチェンジが有効に使えます（22ページ）。

アレンジ

ボールを動かす方向の足をさっと引く

このような状況でフロントチェンジを行う時に相手との間合いがせまい時には、足の使い方をくふうしましょう。ボールを動かす方向の足を後ろにさっと引くことによって、相手からボールを遠ざけながらフロントチェンジを行うことができます。それに対して相手が手をのばしてきたら、一気に抜き去るチャンスです。

✕ わるい

ステップバックする時に両足を閉じると、進みたい方向にふみ出す足が遅くなります。また、重心が後ろにかたむかないように気をつけてください

間合いをつくることによってドリブルの方向を変えることができます

ステップバックからレッグスルー

ディフェンスがドリブルのコースに入ってきます

ステップバックしても間合いをつめてきます

フロントチェンジが難しいので両足を大きく開きます

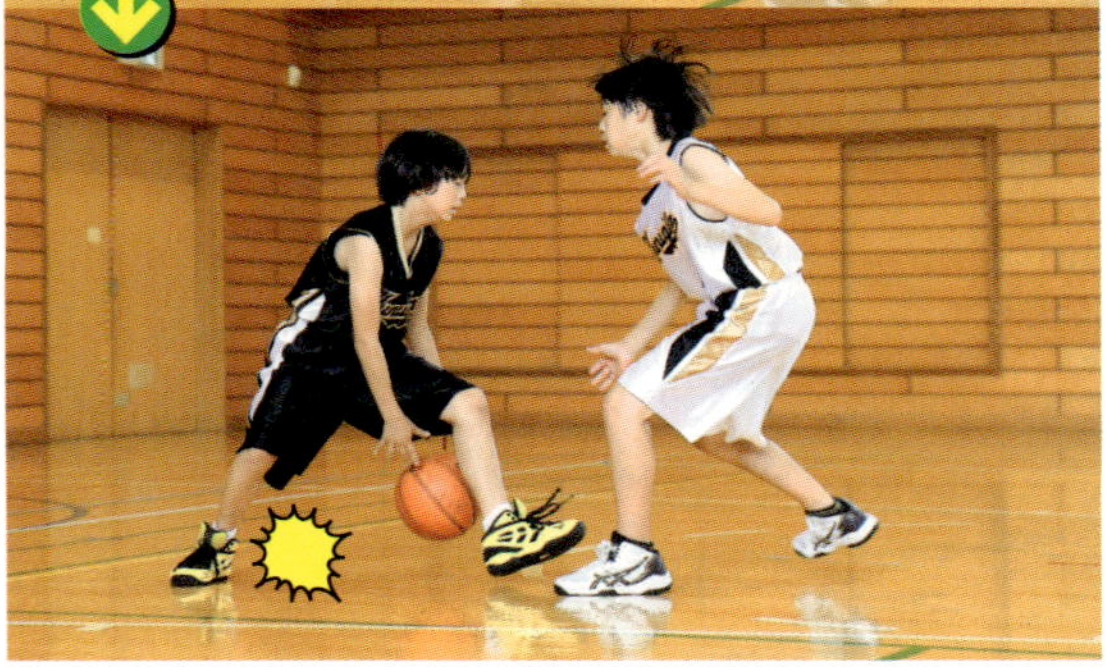

両足の間にボールをつきます

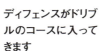

ドリブルで進む方向に足を前に出してボールを通す

34ページと同じように、ドリブルしながら後ろに下がる動きに対して、相手ディフェンスが間合いをつめてくる状況です。そのような時にレッグスルーも使えます(26ページ)。

間合いをつめてくる相手の動きをよく見て、ドリブルで進む方向に足をさっと出します。そうしてボールを両足の間に通して一気に抜き去るわけです。

フロントチェンジだとボールを触られやすい時にはとくに、このレッグスルーを使ったほうが安全にボールを運ぶことができます。間合いがあるならフロントチェンジ、間合いがせまいならレッグスルーと、正しく判断できるようになってください。

アレンジ

ドリブルのテクニックを組み合わせる

試合ではいろいろなことがおこります。たとえば、レッグスルーを行った直後にドリブルのコースに入って手を出してくる相手もいます。そういう時には再度レッグスルーを行って元の状態にもどったり、つづけてフロントチェンジを行うのも手です。つまり、ドリブルのテクニックを組み合わせることによって相手ディフェンスは対応しづらくなるということです。

相手を一気に
引き離します
4
6

ドリブルで進む
方向を変えます

相手ディフェンスが2人いる…

ボールマンに対して2人がかりでディフェンスしてきます

ボールマンがスピードをコントロールしながら近づきます

高い姿勢から一気に低い姿勢をとります

低いところでボールをつきながら前におし出します

２人の間を割って入る「ダックイン」

ボール運びをする選手に対して、２人がかりでディフェンスをするチームもあります。そういう状況で大切なことは、「あわてない」ことです。

『うわっ、２人がかりでディフェンスしてきた！　どうしよう!!』とあせってしまうとミスになりやすいです。また、すぐにドリブルを止めてしまうのもいい方法ではありません。相手ディフェンスにとっては、ドリブルできない状況をつくるのがねらいだからです。

そこで２人がディフェンスしてきたら、どこからか抜けないか冷静に見てみましょう。ねらい目となりやすいのは、２人のディフェンスの間のすき間です。２人の間を割るようにして低いドリブルで突破できることがよくあります。このプレーは「ダックイン」とよばれています。

ポイント

一気に姿勢を低くして『ト、トン』と

２人の間を割るようなドリブルでは、スピードの変化「チェンジオブペース」に加え、高低差をつけることがポイントです。高い姿勢で『トーン、トーン』とつきながら、ゆっくりと近づきます。そして２人の間を割る瞬間、一気に姿勢を低くして『ト、トン』とつくように意識してみましょう。

２人がかりのディフェンスの間を割るかっこうになります

相手2人の間をドリブルで割れない…

1人にコースを止められ、もう1人のディフェンスが近づいてきます

スピードにのれず、2人の間を割るのが難しい状況です

ステップバックして間合いをつくります

とっさの判断で両足の間にボールをつきます

あまり上手ではない選手の横から抜くのも手

スピードにのれない時など、2人の間を割るドリブルが使えないことがあります。そのような場合には、2人のうちどちらかの横からドリブルで抜く方法もあります。

あなたならどちらから抜きますか？　相手のディフェンス力が少しでもわかっていれば、あまり上手ではない選手の横からドリブルで抜くようにしましょう。

そのためにはボールを左右に動かす一瞬のタイミングをのがすわけにはいきません。それだけに（写真のように）、逆足のレッグスルーのようになることもあります。つまり26ページや36ページのような進む方向の足を前に出すかっこうとは逆ということです。

このようにいろいろなドリブルができるようにしておくことで、ディフェンスに対応できるようになるのです。

チェック

ドリブルを止める条件とは

こんなに難しいドリブルをするなら、ドリブルを止めたほうがいい、と思うかもしれません。正しい考え方ですが、条件があります。それはドリブルを止めた後、シュートかパスに必ずうつれることです。次のプレーの準備ができていないのにドリブルを止めてしまえば、2人にプレッシャーをかけられてミスにつながります。とくに、サイドラインやベースラインのほうに追いやろうとするディフェンスには要注意です。ディフェンスが2人いてもどちらかのサイドに寄れば1対1なので、あわてないようにしましょう。

ドリブルする方向を変えることに成功です

める
BESSYO
4
9

第2章

相手をかわして
シュートを決

ドライブインとジャンプシュート

ドライブイン

ゴールに向かってドリブルしてシュートをねらうプレーです

得点に結びつける2つのプレー

相手のコートにボールを運んだ後、ゴールに向かってドリブルしてシュートをねらうプレーを「ドライブイン」と言います。相手のゴールに近づくことによって確率の高いシュートを打つことができます。

そのドライブインをけいかいするディフェンスが、ドリブルのコースに入るため、少し下がってまもることがあります。つまりボールマン（ボールを持つ選手）との間合いを少しあけてまもるということです。そういうディフェンスを相手がしてきた場合、ゴールから少し離れたところからでも積極的にシュートをねらい

ジャンプシュート
ゴールから少し離れたところから真上にジャンプしてねらうシュートです

ましょう。

ただし相手が出してくる手をかわせるように、真上に飛びながらシュートを打つ技術が求められます。これを「ジャンプシュート」と言います。この2つのプレーをおぼえることによって、攻撃を得点に結びつけることができるのです。

ポイント

相手との「かけひき」を上手に行う

ドライブインからのシュートが一度決まると、次の攻撃の時にディフェンスは下がってまもるため、ジャンプシュートを打ちやすくなります。そしてジャンプシュートが決まると、相手ディフェンスが間合いをつめてくることがあります。ジャンプシュートを打たせないようにするためです。すると今度はドライブインをしやすくなります。このように相手の状況によってプレーをくふうすることを「かけひき」と言います。相手とのかけひきを上手に行うことが得点を取るうえで欠かせないのです。

ベースラインドライブ

顔をしっかり
とあげます

サイドライン
ベース
ライン
攻撃
ディフェンス
ドリブル
ボール

シュート体勢に
入っていきます

クロスステップでふみ出すことでトラベリングになりにくい

ベースラインの方向に進むドライブイン「ベースラインドライブ」を行う時の姿勢を見てみましょう。まず基本となるのは、「クロスステップ」でふみ出すことです。つまり相手を抜く最初の一歩をクロスさせるということです。右側から抜く場合には、左足を右にクロスさせ、左側から抜く場合には、右足を左にクロスさせるかっこうになります。

クロスステップにすることで軸足が離れにくく、トラベリングのミスをさけられるのです。

そして次のような姿勢になっていることが大切です。

・ひざを曲げて動き出しやすい姿勢をとります

ひざを曲げて動き出しやい姿勢をとります

ひじとひざを付けるようにしながら肩を入れます

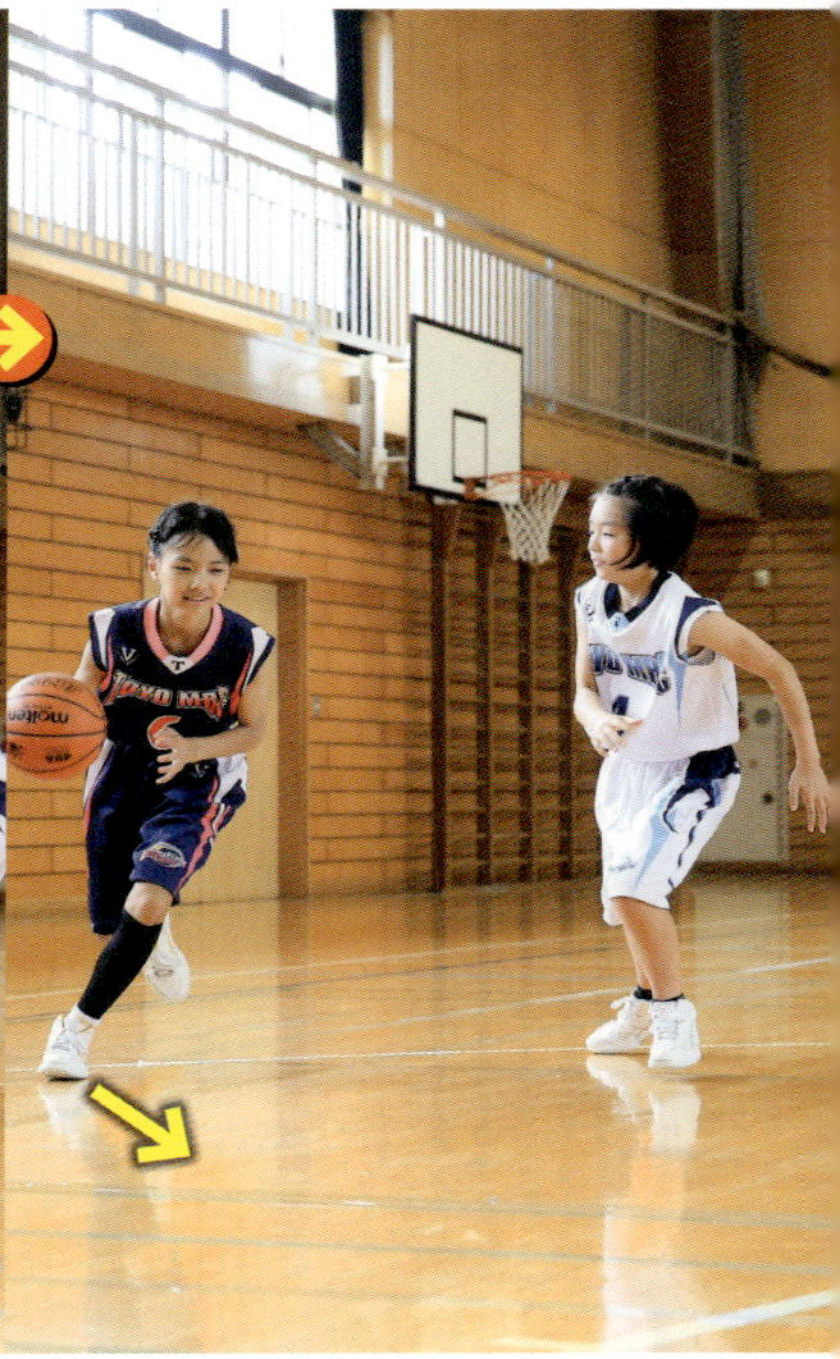

クロスステップからつま先を進行方向に向けます

・ひじとひざを付けるようにしながら肩を入れます
・つま先を進行方向に向けます
・顔をしっかりとあげます

このようなドライブインでゴールへと向かうことによって、相手ディフェンスはまもりづらくなるのです。

チェック

このようなドライブインになっていませんか？

次のようなドライブインになっている選手は、写真のようになおしてください。

・ひざがのびてしまっている
・つま先が進行方向に向いていない
・顔が下に向いている

そして状況によっては、1歩目でクロスステップをふめないかもしれません。その時にはボールを完全に手離すまで軸足を離さないように注意しましょう。トラベリングのミスがおこりやすいシーンだからです。

ドライブインの低い姿勢をつくる

2人1組のキャッチアンドゴー

ドライブインではひざを曲げて低い姿勢をとることが大切ですが、しっかりと意識づけしないと身につきません。一度おぼえても試合などで疲れてくると、どうしても腰が高くなってしまうものです。

そこでおすすめしたいのが「2人1組のキャッチアンドゴー」という練習です。まずはディフェンスがボールを持ち、攻撃する選手がボールの上に手をのせます。そしてディフェンスが手離したボールを、攻撃する選手がキャッチしてドライブインします。

ボールがフロアにつかないように低い姿勢をとることがこの練習のポイントです。その姿勢を強く意識してドライブインを行ってみてください。相手に近いほうの足を軸足にしてクロスステップをふむと、抜きやすいです。

アレンジ

1人で練習する時も意識する

自分でドライブインを練習する時にも、この「低い姿勢」を忘れないようにしてください。自分でボールを落としてキャッチしてからスタートしてもいいですし、手を足のつけ根にはさむことによって低い姿勢をつくることもできます。手を足のつけ根にはさむためにはひざと股関節をしっかりと曲げないと、はさめないからです。ぜひ、行ってみてください。

つま先をゴール
へと向けます

ボールを強くついて
ゴールへと向かいます

ディフェンスがボールを持ち、攻撃する選手がボールの上に手をのせます

ディフェンスがボールから手を離します

攻撃する選手はボールがフロアにつかないように低い姿勢でキャッチします

低い姿勢からクロスステップをふみ、ドライブインに入ります

オーバーハンドのレイアップシュート

2歩目をふみこみながらボールを高くあげていきます

ひじと手首を曲げてボールをささえます

高いところからシュートを打ちます

ひじと手首を曲げてボールをささえ、高いところから打つ

（前ページの）ベースラインドライブからレイアップシュートに持ちこむシーンです。51ページの左の写真と、上のシーンを見比べてみてください。

左の（×わるい）写真は、ボールを下からそっとバックボード（ゴールを取りつけている板）にあてるように打つアンダーハンドのレイアップシュートに持ちこもうとするシーンです。が、ディフェンスにボールを取られてしまっています。

一方、上の写真はひじと手首を曲げてボールをささえ、高いところからシュートを打っています。これは「オー

✕ わるい

ディフェンスの近くでボールを持つと、相手に取られやすいです

ボールをディフェンスから遠ざけ、シュート体勢に入ります

1歩目をふみこみます

バーハンドのレイアップシュート」と呼ばれていて、大きな相手やジャンプ力のある相手の手をかわす時などに使えるテクニックなのです。

まわりにディフェンスがいなければアンダーハンドのレイアップシュートでも決まりますが、むしろこのオーバーハンドのレイアップシュートを習慣にすることをおすすめします。

チェック

バックボード(ゴールを取りつけている板)にボールをあてる位置を少し高くする

オーバーハンドのレイアップシュートがなかなか入らない場合、アンダーハンドのレイアップシュートに比べて、バックボードにボールをあてる位置を少し高くしてみましょう。その高さはシュートを打つ位置、ボールの回転やアーチ(弧)の高さによっても変わってくるので、何度も練習して「どこにあてれば入るか」感覚をつかむようにしましょう。

バックシュート

ボールに横回転をかけて
バックボードにあてます

ボールから目を離
さないようにします

ゴール下を通過して逆側からシュートを決める

ベースラインドライブからレイアップシュートを打とうとした時、相手ディフェンスがいてシュートをブロックされそうな時があります。そういう場合には、ゴール下を通過して逆側からシュートを決めるテクニックが使えます。

自分の背後にあるゴールに決めるこの「バックシュート」はボールに横回転をかけてバックボードにあてること、そしてゴールをしっかりと見て位置を確認して打つことが大切です。

ベースラインドライブのシーンです
相手ディフェンスはレイアップシュートをブロックしようとしています
ゴール下を通過します
自分の背後にあるゴールをよく見ます

また、ディフェンスにブロックされないところから打つようにし、ブロックのタイミングもはずせるように練習しましょう。

アレンジ

2つのバックシュートを使い分ける

写真ではベースライン側の手でシュートを打っていますが、逆の手で打つバックシュートもあります。バックシュートのうち、ベースライン側の手で打つシュートは「レイバックシュート」、逆の手（写真では左手）で打つシュートは「リーチバックシュート」と言います。ディフェンスのいる位置などによって、レイバックシュートとリーチバックシュートを使い分けられるように練習しましょう。

ミドルドライブ

「ベースラインドライブ」と「ミドルドライブ」

コートの中央レーン「ミドルライン」については18ページで説明しました。そのミドルラインのなかで、ゴールの正面のエリアは「トップ」と言います。そしてゴールから見て45度の位置にあるエリアは「45度（※ウイングとも言う）」と呼ばれています。

ここで紹介しているドライブインのプレーは、この45度からスタートすることが多いことを覚えておいてください。

そして46ページの写真のように、サイドラインやベースラインのほうから相手を抜くドライブインを「ベースラインドライブ」と言うのに対し、コートの中央から相手を抜くドライブインを「ミドルドライブ」と言います。それを示したのが右の図です。

ベースラインドライブ
サイドラインやベースラインのほうから
相手を抜いてシュートに持ちこみます
ミドルドライブ
コートの中央から相
手を抜いてシュート
に持ちこみます

ドリブルをつきながら
ゴールに向かいます
シュート体勢に
入っていきます

45度での1対1のシーンです

ミドルライン側にドライブインを開始します

クロスステップをふみます

バックボードを使わないレイアップシュート

ゴールを正面にしてのオーバーハンドのレイアップです

2歩目をふみこみます

ミドルドライブから１歩目をふみこみ、シュートに持ちこむシーンです

ゴールの真上から入るようにボールをうかせる

相手を抜くポイントは、相手が出している前足のほうから抜くことですが、それ以外にも「ベースラインドライブ」と「ミドルドライブ」を使い分けるポイントがあります。ベースラインドライブであれば、バックボードにボールをあてるレイアップシュートに持ちこみやすいですが、コートの中央レーンからのミドルドライブの場合、正面からのレイアップシュートになるのでバックボードを使いにくいことがあります。

そこで写真のように、バックボードにあてず、ゴールの真上から入るよう

スピードをコントロールして真上にジャンプするイメージです

バックボードにあてず、ゴールの真上から入るようにボールをうかせます

ボールから目を離さずに着地します

にボールをうかせましょう。そのさいにボールにバックスピン（逆回転）がかかっていると、リングにボールがあたった時にも、ゴールにすいこまれやすいことをおぼえておきましょう。

チェック

ミドルドライブのとくちょうを知っておく

ミドルドライブをする時に注意してほしいのは、まわりのディフェンスです。コートの中央レーンにはほかのディフェンスがいる場合が多く、手を出されるなどじゃまされやすいのです。ただし相手ディフェンスにとっては、ミドルドライブはされたくないものです。なぜならシュートだけでなく、まわりにパスを出されて攻撃を展開されてしまうからです。つまり攻撃としては、そこがねらい目となります。

正しいジャンプシュートの打ち方をおぼえる

まっすぐ上にジャンプします

ディフェンスにブロックされないようにシュートを打ちます

ジャンプを始めたあたりに着地します

ジャンプしてシュートを打ち相手のブロックをかわす

1対1の状況でシュートを打つ場合、高くジャンプして打点を高くすることが大切です。そうすることで相手ディフェンスのブロックをかわすことができるからです。

そのジャンプシュートの写真を、まずは前から見てみましょう。

シュートを決めるうえで気をつけてほしいことは、まっすぐにシュートを打つことです。ゴールに対して右にずれたり、左に曲がったりするようでは、安定してシュートが決まるようにはならないからです。

ボールを持つきき手―きき手側のひじ

フリースローライン付近で1対1の状況です

ディフェンスとの間合いがあるため、シュート体勢に入ります

ボールを片手にのせたまま、あげていきます

—きき手側の足が一直線になるように意識して、ジャンプシュートを打ってみてください。練習ではボールがゴールまでとどかなくてもいいので、ボールがまっすぐ飛んでいるかだけを、まずは確認しましょう。

チェック

ジャンプしても自分のシュートフォームがくずれないように

ここでは相手ディフェンスがいる場合のシュートとして「ジャンプシュート」を紹介しています。フリースローなどジャンプする必要がないシュートフォームのつくり方については、基礎編である「基本と能力アップドリル」を読んでみてください。そこで身につけたシュートフォームの基本をジャンプしてもくずれないようにすることが大切です。

正しいジャンプシュートの打ち方を横から見る

きき足（写真では右足）を少し前に出して、シュートの姿勢をとります

ボールをあげながら、体がフロアに垂直となるようにまっすぐ上にジャンプします

ジャンプ後も体が前や後ろに倒れないようにします

ジャンプした時の最も高いところでシュートを打ちます

ジャンプを開始したところに着地できるようなシュートを

次にジャンプシュートの写真を横から見てみましょう。

まずはボールを持つ右手と右足が一直線上になるように意識し、ワンハンドシュートの姿勢をとります（※左ききの選手は左手と左足が一直線上になるように）。そこからボールをあげながら、体がフロアに垂直となるようにまっすぐ上にジャンプします。ジャンプした後、空中でも姿勢がくずれないように意識して体をまっすぐにし、そのまま真下、すなわちジャンプを開始したところに着地するのが基本です。

ボールをゴールにとどかせようと腕を前に出すと、ジャンプの着地点が前になってしまいます。逆に体が後ろにかたむいて、着地点が後ろに下がってしまう場合もあるので、気をつけてください。

ジャンプを開始したところに、しっかりと着地できるようなジャンプシュートを身につけられるように練習してみましょう。

チェック

シュートフォームやアーチ（弧）を横から見てもらう

自分のシュートフォームがどうなっているか、自分ではなかなかわかりにくいものです。そこで監督やチームメートに見てもらうことをおすすめします。とくに横から見てもらう時は、シュートフォームがくずれていないかを見てもらうのに加え、ボールがしっかりとアーチ（弧）を描いているかを見てもらうようにしましょう。リングの真上からボールが入るのが理想だからです。

フォロースルー（シュート後の形）を残して、ジャンプを始めたところに着地できているか確認します

ワンドリブルからのジャンプシュート

1度ボールをついて相手とのずれをつくる

試合でジャンプシュートを打つには、2つの方法があります。1つはチームメートからのパスを受けてシュートを打つプレーですが、シュートに持ちこむチームプレーについては、第4章(104ページ)で紹介します。ここでは1対1の状況でのドリブルからのジャンプシュートを見てみましょう。

ドリブルから、といっても何度もドリブルをついたスピードにのった状態からジャンプシュートを決めるのは難しいです。真上にジャンプして同じところに着地しにくいからです。そこでおぼえてほしいのが、ワンドリブル(1度ボールをついて)からのジャンプシュートです。

1対1で相手が目の前にいる状態から、1度ボールをつくことによって相手とのずれをつくるわけです。フロアについたボールをキャッチしながら、クロスステップで体を安定させてからジャンプシュートを打ってみましょう。

まっすぐ上に
ジャンプします

ディフェンスにブロックされないように
シュートを打ちます

45 度付近で1対1の状況です

ボールをつきながら、 大きく1 歩ふみ出します

クロスステップでディフェンスとのずれをつくります

体のバランスがくずれないようにします

ポイント

「1」で止まって「2」で体のバランスをととのえる

このテクニックは、フロアについたボールをキャッチしながら、1、2のリズムで止まってジャンプシュートを打つかっこうになります。ただし「2」で止まっていきなりジャンプしようとするとバランスがくずれてしまいます。そこで大事にしてほしいのは、「1」でしっかりと止まって「2」で体のバランスをととのえるという意識です。そうすることでシュートフォームがくずれることなくジャンプシュートが打てるのです。

いすシュート

いすから立ちあがってシュート練習する

ジャンプシュートを決めるには、下半身からの力を上半身へと伝えていくことが大切です。その流れを意識しやすい練習があります。それがいすを使って練習する「いすシュート」です。

ボールを持っていすにすわり、立ち上がりながらシュートを打ちます。その時に、肩が前に出てくるかっこうとなるだけに、正しいジャンプシュートのフォームを意識しやすいわけです。それができ

まっすぐ上にジャンプしてシュートを打ちます
ジャンプを始めたところに着地します

いすから立ちあがっていきます
まっすぐ上にジャンプしてシュートを打ちます
体がまっすぐになるように意識します

たら次に、ボールを持って立った状態からスタートし、お尻がいすにあたったらすぐにジャンプしてシュートを打ちます。

このいすシュートでの下半身から上半身の使い方を意識して、ジャンプシュートを打ってみてください。

すわった状態から
ボールを持って いすにすわります
いすから立ちあ がっていきます

立った状態から
ボールを持っ ていすの前 に立ちます
いすにお尻 をあてます

チェック

下半身から上半身への力の伝え方を意識しながらフォームを確認

ゴールのすぐ近くであればきれいなジャンプシュートが打てるのに、ゴールまでの距離が遠くなると、シュートのフォームをくずしてしまうものです。力まかせにボールを飛ばそうとして体を後ろにそらしてしまうなど、バランスがくずれてしまうのです。そうなるとアーチが低くなり、かえってシュートが決まらなくなります。そういう選手はとくに、このいすシュートでフォームを確認することをおすすめします。

シュートを打ちたいけど間合いがせまい…

間合いがせまくジャンプシュートを打てない状況です

自由に動かせる(右)足をふみ出します

ディフェンスがドライブインをけいかいして下がってまもろうとします

間合いが広がったすきに、ふみ出した足をもどします

バランスがくずれないように注意してシュート体勢に入ります
ブロックされないようにすばやくシュートを打ちます

アレンジ

頭が前に出すぎないように意識する

体力がついている選手であれば、ジャブステップを大きくふんでも、次の動作にうつることができます。でも、十分な体力がそなわっていない選手の場合、ステップを大きくしすぎると、軸足がのびて、次の動作へとうつるのに時間がかかってしまいます。そこで頭が前に出すぎないように意識しながらジャブステップをふんで、ジャンプシュートにつなげてみてください。

ボクサーのようなステップで間合いを広げる

ジャンプシュートをけいかいする相手ディフェンスは、間合いをつめてきます。それでもジャンプシュートを打ちたい場合に、相手との間合いを広げる方法があります。

たとえば、自由に動かせるほうの足をふみ出します。すると相手は『ドライブインにくるぞ』とけいかいして、下がってまもろうとします。そうして間合いを広げて、ジャンプシュートを打つわけです。

このテクニックは、ボクシングのジャブのように細かくステップをふむことから「ジャブステップ」とも呼ばれています。ふみ出す位置や、ステップの大きさをくふうしながら相手に反応させて間合いを広げましょう。

ドライブインをしたいけど相手がけいかいしている…

相手との間合いを確認します
シュートを打つ動作を見せます
相手ディフェンスが手を前に出してきます
すばやく体勢を低くします

ドライブインで一気に抜き去ります
より確率の高いシュートをねらえます

ポイント

沈みこむようにシュートフェイクする

最初からドライブインすると決めていなければ、そのままジャンプシュートを打つのも手です。結果として相手がそれを止めようと前に出てきたら、ドライブインにうつることもできます。ただし、このシュートフェイクの動作が大きすぎると上体がのび、ドライブインへとうつるのに時間がかかります。沈みこむようにシュートフェイクをして低い姿勢からドライブインするイメージです。このプレーは「ポンプフェイク」とも呼ばれています。

シュートを打つふりをしてディフェンスをだます

ゴールに近づいて確実に得点を取りたい時などは、ドライブインで攻撃したいところです。でも相手ディフェンスがそのドライブインをけいかいして下がってまもっていると、ドライブインはなかなかできません。

そういう時にはシュートを打つふりをしましょう。するとディフェンスはシュートを打たせまいと前に出てきます。そのいきおいも利用して、一気にドライブインで抜き去るわけです。

このようにシュートの動作で相手をだますプレーのことを「シュートフェイク」と言います。ただし、何度もシュートフェイクをくり返すと相手も「フェイクだ！」ってわかってしまうので、使うタイミングをくふうするようにしてください。

コースに入る相手にブロックされたくない…

1対1を仕かけます
TOYO MBG
20
10

ディフェンスが激しくプレッシャーをかけてきます
20
10

コースに体を入れられているので、フロアを強くキックしてステップバックします
キック
10

斜め後ろに移動するイメージです
10

ドリブルしながら後ろに下がり間合いを広げながら打つ

相手ディフェンスにプレッシャーをかけられて間合いがせまくなると、ジャンプシュートを打ちきることが難しいです。そういう相手に対しては、ドリブルしながら後ろに下がって相手ディフェンスとの間合いを広げながら打つシュートが使えます。これを「ステップバック」と言います。

バランスをたもつのが難しいシュートですが、まっすぐ上にジャンプすることを心がければ、攻撃時間が少ない時などいざという時にも使えます。

またゴールへと向かおうとした時、相手とコンタクト（接触）した瞬間も使いやすいタイミングです。おたがいに押し合っている状態から、外に押し出そうとする相手の力を利用し、ステップバックすることによってシュートチャンスをつくることができます。

両足でバランスをととのえます

体が前後に流れないように注意して、ジャンプしてシュートを打ちます

ポイント

ななめ後ろに下がってシュートを打つ

ドリブルしながら下がる時、真後ろだとシュートを決めるのが難しいです。体のバランスがくずれやすいからです。そこでななめ後ろに下がってシュートを打ってみてください。そうして相手ディフェンスのいる位置に応じて、いろいろなところからシュートを打てるようになりましょう。ステップバックした後、両足でしっかりとバランスをとってシュートを打つことを忘れないように!

コースに入ってくる相手をかわしたい!

ドリブルのコースにディフェンスが入ってきます

相手ディフェンスの動きをよく見ます

くるりと回ってロールします

軸足が離れないように注意し、自由に動かせる（左）足は軸足の近くを通します

ロールしながら相手をかわしてレイアップシュートに持ちこむ

相手ディフェンスがドリブルのコースに入ってきた時、そのままドリブルでつっこんでしまうとオフェンス（攻撃側の）ファウルになったり、ミスにつながってしまいます。

そこで相手がドリブルのコースに入っているような時には、ロールしながら相手をかわすテクニックを使いましょう。このようにディフェンスのねらいに応じて、いくつかのプレーができるように用意しておくと、相手に止められなくなります。

ただし、スピードにのった状態からロールすると、3歩以上歩いてしまいがちです。つまり、「トラベリング」になって相手ボールになってしまうのです。そこでスピードをコントロールしながら軸足が離れないように、正確にロールするように心がけてください。

ゴール方向に大きくステップをふみます

相手のブロックに注意して、レイアップシュートを打ちます

アレンジ

まわりの状況もはあくしてプレーを判断する

ロールしてゴールのほうを向いた時、相手ディフェンスが目の前にいる場合があります。そういう時には、レイアップシュートではなくそのまま真上にジャンプするシュートや、ステップバック（70ページ）するほうが安全かもしれません。また、攻撃時間が残されているなら、まわりの状況もはあくしておき、パスもできるように準備しておきましょう。

大きなジャンプで相手をかわしたい！

ドリブルでディフェンスを抜こうとしています
ディフェンスが間合いをつめてきます
ボールをキャッチしながら大きく移動できるようにジャンプします
空中で体の向きを変えます

ジャンプしてゴール方向に体を向ける「ギャロップステップ」

自分をマークするディフェンスを引き離してゴール方向に大きくステップをふむことによって、レイアップシュートに持ちこみやすくなります。このテクニックを「ギャロップステップ」と言います。このギャロップステップは、2人のディフェンスの間を割りたい時にも使えるテクニックです。

「ギャロップ」とは、馬が走るリズムのことです。空中でボールをキャッチした後、馬が走る時のように、「たっ、たん」と大きく力強いステップをふむかっこうになります。

でも（写真のように）、ジャンプする前にボールをキャッチして「1、2」のリズムで着地すると「トラベリング」となります。ですから両足同時に着地するジャンプストップで行ってください。これができたら空中でボールをキャッチするギャロップステップにも挑戦しましょう。

ポイント

相手にボールを取られないようにボールをしっかりとつかむ

ステップをふみながら体の向きを変えた時、ボールをしっかりとつかむことがポイントです。ボールをつかんでおかないと、相手ディフェンスに手を出されて取られてしまうからです。2人の間を割って入る時などは、ボールをかかえこむくらいに強く持つ必要があります。この状態からレイアップシュートを打てるように練習しましょう。

トラベリングにならないようにジャンプストップします

ディフェンスにボールを取られることなくシュートに持ちこみます

相手のいないところにステップで移動したい!

ディフェンスが目の前に出てきました

ドリブルをつきながら相手の反応を見ます

左足で強くステップをふみます

ディフェンスの動きとは逆側に大きく移動します

ゆっくりと走るような「ユーロステップ」

走るようなステップで進む方向を変えて、シュートに持ちこむテクニックを紹介しましょう。かつてはヨーロッパ出身の選手がよく使っていたことから、「ユーロステップ」と呼ばれています。

走るようなステップ、いわゆる「ランニングステップ」のため、片足で大きく移動するのがこのテクニックのとくちょうです。

ただし、片足で体をささえるかっこうになるため、バランスがくずれやすいです。片足でふみきって真上にジャンプし、シュートに持ちこめるように練習しましょう。

片足で体勢をととのえてシュート体勢に入ります

まっすぐ上にすばやくジャンプしてシュートを打ちます

ポイント

スピードをコントロールして相手の反応を見る

相手をかわすことを意識しすぎると、あわてですばやいステップになってしまいがちです。でもこのユーロステップの場合、どちらかといえば、スピードをコントロールして大きなステップをふむのがとくちょうです。そういう動きに対してディフェンスが反応することで、シュートに持ちこめるチャンスができるからです。バランスがくずれないように注意しながら、ユーロステップにトライしてみてください。

大きな相手にボールを触られないようにうかしたい！

ゴール下から大きな相手ディフェンスが間合いをつめてきます

「1」のステップをふみます
1

ボールをあげながら「2」のステップをふみます
2

ひざを引きあげ、ボールもあげていきます

ボールをふわりとうかせる「フローター」を武器にする

相手ディフェンスがいなければ、ボールをバックボードにぶつけるレイアップシュートで決めるのが確実です。しかし大きな相手は、そのシュートをブロックしようとねらっています。そういう状況で使えるのが「フローター」というテクニックです。

このフローターのとくちょうは、相手のブロックの手をかわせるように、ボールをふわりとうかせることです。そして、そのままバックボードにあてずに、ゴールに直接すいこまれるように打つのが基本です。

その時によけいな力を使わず、ジャンプするいきおいのままボールに力を伝えるのがポイントです。手首を柔らかく使い、ボールが指先から離れる瞬間の感覚を大事にして打ってみてください。

ポイント

「1」だけのステップでもシュートは打てる

レイアップシュートの基本は、「1、2」のステップです。そのタイミングを計って、大きな相手ディフェンスはブロックをねらっています。そこで「1」だけのステップでもシュートを打ってみてください。ちなみに相手と十分な間合いがあり、ブロックされる危険性が低ければ、ジャンプストップ（両足着地）からフローターを打つこともできます。このほうが体のバランスが安定しやすいことをおぼえておきましょう。

ボールをふわりとうかせるようにして手離します

バックボードを使わず、リングの真上からシュートが入るイメージです

いかす

第3章

ゴールの近くで 高さと強さを

ゴール下シュートをねらおう

ポストマン
ポストマンのディフェンス
パスを出してほしいところに手を出します
ポストマンが大きくても、ゴールの近くでパスを受けさせないように「強さ」を発揮してプレーします
ひざを曲げて相手との接触プレーに負けないようにします
自分のお尻をディフェンスのひざにのせるようなイメージで接触します
両足を開いて大きくかまえます
BESSYO
5

身長の高さをいかせるように大きな選手に負けないように

「ドライブイン」はドリブルでゴールに近づくプレーでしたが、ゴール近くでパスを受けてシュートを打つプレーもあります。ゴールを背にしてパスを受けるかっこうになるこのプレーのことを「ポストプレー」と言います。そしてポストプレーを行う選手のことを「ポストマン」と言います。

このポストプレーを行ううえで有利に働くのが「高さ」と「強さ」です。身長の高さ、ジャンプする高さがそなわっていることによって、バスケットボールのゴールにより近いところからシュートを打ちやすいからです。

ボールマンのディフェンス
ボールマンのシュートやドリブルをけいかいしながら、ポストマンに簡単にパスを出させないようにディフェンスします
パスを出すボールマン
ポストマンとの息を合わせてパスを出します。高いところからパスを出すか、フロアにバウンドさせてパスを出すか、正しく判断しましょう
TOKYO
4
Kunugida
6
SESSYO
5

大きな選手は自分の身長の高さをいかせるようにプレーし、小さい選手も大きな選手に負けないようなポストプレーのテクニックをこの章でおぼえましょう。

アレンジ

相手に対して「強さ」を発揮する

ゴールの近くでは「高さ」に加え「体の強さ」、いわゆるパワーも大きな武器となります。相手とぶつかり合った時に、あたり負けない強さがあれば、自分にとって有利なポジションでプレーすることができます。相手と激しくぶつかり合う「接触プレー」が多いだけに、相手に対してパワーを発揮してシュートを決めるわけです。ただし相手を力まかせにおすとオフェンス（攻撃側の）ファウルをとられるので注意しましょう。

後ろ向きのターンでパスを受ける

ゴールに近づいていきます

制限区域のライン付近で、ディフェンスと向かい合うかっこうになります

後ろ向きにターンしていきます

ディフェンスを背にして、相手のひざにすわるような感じで大きくかまえます

制限区域のライン付近で大きくかまえる

ゴールの近くからシュートを決めるためにパスを受けるのは簡単ではありません。相手ディフェンスもけいかいしてマークしてくるからです。しかもゴール下のエリア「制限区域」に、3秒以上長くいると反則となり、相手ボールとなってしまいます。そこでくふうが必要となります。

制限区域のライン付近に動いてかまえることによって、パスを受けやすくなります。ゴールや相手を背にして接触しながらパスを受けるのです。その時に後ろ向きのターン「リバースターン」をふむことによって、パスコースをつくることができます。

そして、パスを受けたいところに手を出して、ボールマンに示します。これを「ターゲットハンド」と言います。さらに、もう片方の手で相手の動きをおさえてパスをカットされないようにしましょう。

ボールマンは、相手ディフェンスに取られないようにバウンドパスを使っていますが、場面によってくふうしてください

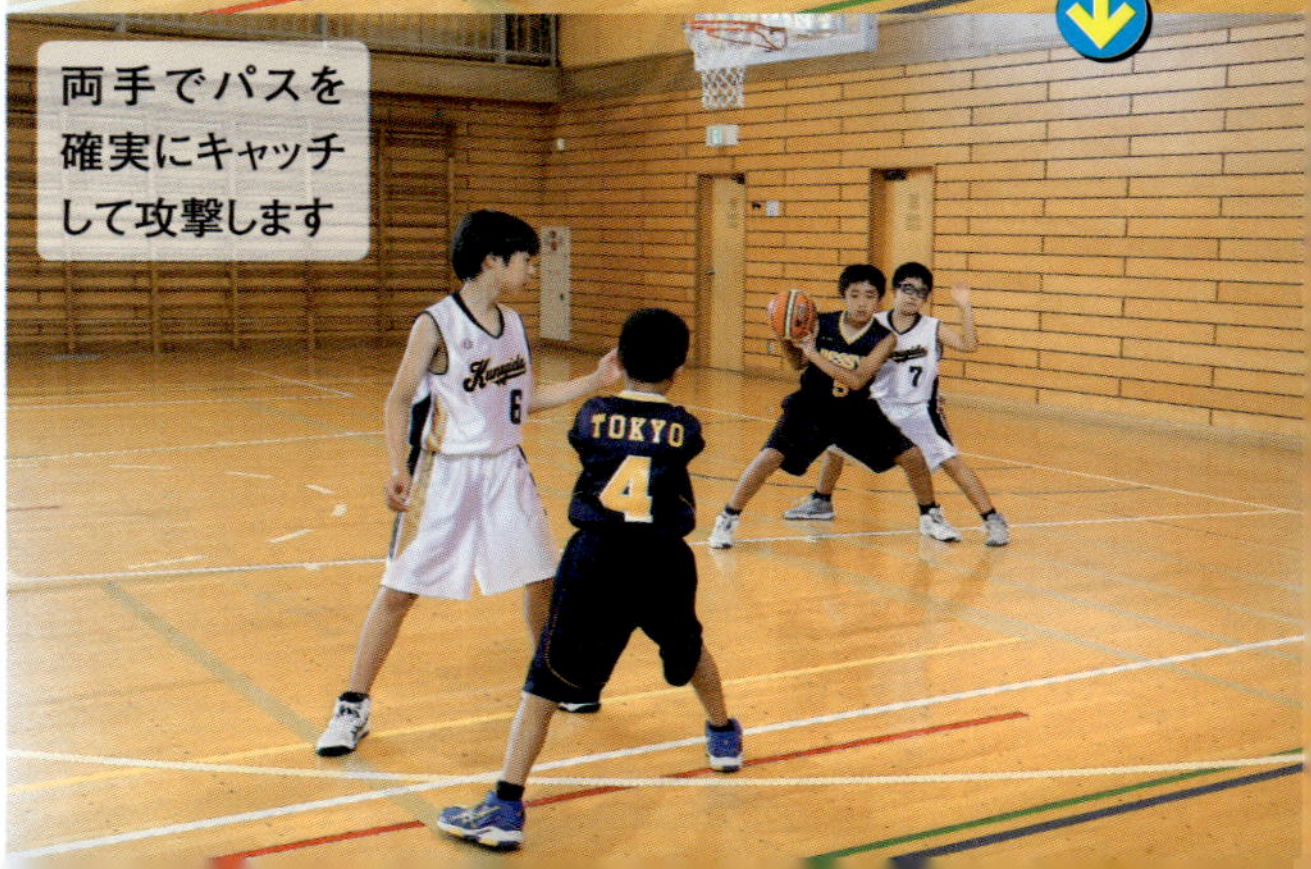

両手でパスを確実にキャッチして攻撃します

ポイント

相手とのぶつかり合いに負けず相手の力を利用できるように

バスケットボールはルールのうえでは、相手とぶつかってはいけない競技です。でも試合では、とくにゴール下で相手とのぶつかり合いがつづきます。たとえ相手がおしてきてもその力に負けないようにしてください。ただし相手をおし返すだけでなく、相手の力を利用する意識も持つようにしましょう。

前向きのターンでパスを受ける

ゴールに近づいていきます

制限区域のライン付近で、ディフェンスと向かい合うかっこうになります

前向きにターンしていきます

制限区域のラインにそって体をすべりこませるイメージです

体の使い方を正しくすばやく行えるように

前のページと同じように、ゴールに近づいて制限区域のライン付近でパスを受けようとしているシーンです。

ただしここでは後ろ向きのターンではなく、前向きのターン「フロントターン」をふんでいます。制限区域のラインにそって体をすべりこませるようにかまえることで、パスコースをつくるわけです。

84ページのリバースターンと、このページのフロントターン、大きな違いを感じられないかもしれませんが、このような体の使い方を正しく、しかもすばやく行えるようになることが大切です。

ディフェンスを背にして、大きくかまえます

パスを確実にキャッチして攻撃します

チェック

ゴールの近くでも「はやさ」が武器に

ゴールに近いエリアでは、主に「高さ」がいかされます。一方、ゴールから離れているエリアでは「はやさ」がいかされやすいです。前後左右に動くスペース（空間）がたくさんあるからです。ただし細かく見ていくと、ゴールの近くでも「はやさ」が武器になる場合があります。それがこのページで紹介している、ポジションをとるようなシーンです。すばやい判断と動きでいいポジションをとることで、得点につなげやすいのです。

ゴール方向にステップしてシュートを決める

フロアからあがったボールをキャッチします

ディフェンスにブロックされないことを確認します

ゴール下からシュートを確実に決めます

ゴール近くでは相手がけいかいして取りにくる

ゴールを背にしてパスを受けた直後、片足をゴール方向に引くことによってゴールへと近づくことができます。そのままシュートを決められるのが理想です。

ドリブルでゴールに近づきたくなる選手もいるかもしれませんが、ゴール近くでは相手ディフェンスがけいかいして取りにくることを忘れないでください。相手としてはポストマンをゴールに近づけたくないのです。

それだけにドリブルせずにシュートを決められるのが理想なのですが、トラベリングになりそうな時やバランス

ポストマンとしてパスを受け、一度逆方向にいく動きを見せます

ディフェンスのいないほうの足をゴール方向に引きます

低い姿勢のまま、両足の間に両手でボールを一度つきます

がくずれそうな時に使えるドリブルがあります。ゴールに向かいながら、両手で一度だけボールをつく「パワードリブル」です。パワードリブルでバランスをとってシュートを打つことによって、成功率が高まるだけでなく、トラベリングもさけられます。

チェック

積極的にゴールへと向かう理由

ゴール近くでシュートをねらう時には、ほとんどの場合、相手ディフェンスがいます。それをいやがってパスで逃げると、相手ディフェンスとしては安心します。強引にシュートをねらってほしくないのです。なぜかというと、ファウルになってフリースローをあたえてしまうかもしれないからです。つまりポストマンとしては積極的にゴールへと向かうことによって、フリースローもねらえるということです。

シュートフェイクからステップイン

シュートを打たず、
ゴール方向にステップをふみます

シュートフェイクからのステップインで
確率の高いシュートが打てます

相手がブロックしようと体をのばしたすきをつく

ゴール下でパスを受けただけで、相手ディフェンスはけいかいします。確率の高いシュートを打たれてしまうからです。その気持ちを利用することができます。シュートを打つふりを見せて、ディフェンスのバランスをくずすのです。これが「シュートフェイク」のねらいです。

シュートを打とうとすると相手ディフェンスはブロックしようと、体をのばしてジャンプしようとします。そのす

横から

ゴールの近くで
シュート体勢に入ります

相手ディフェンスが体と腕を
いっぱいにのばします

後ろから

アレンジ

ボールを下で動かしてジャンプシュートに

シュートフェイクは、相手ディフェンスが体をのばしたり、ジャンプしているすきをつくプレーです。逆にボールを下で動かす「ワイパー」を行うことで、相手ディフェンスの体勢を低くすることができます。そのすきにジャンプシュートに切りかえることによって、相手のブロックを遅らせることができます。このような「かけひき」を上手に行いましょう。

きに、シュートからステップに切りかえてゴールに近づくのです。この「ステップイン」のプレーを使うことによって、より確率の高いシュートを打つことができます。

ドリブルからステップをふんで相手をかわす

ドリブルしながらチャンスをうかがいます

相手ディフェンスがおし出そうとしてきます

相手を回転軸にくるりとまわります

おし出そうとする力を利用してかわす

　ゴール方向に足をふみこんで攻撃しようとすると、相手ディフェンスがおし出そうとします。そういう時には相手を回転軸にしてくるりとまわり、シュートチャンスをつくりましょう。このプレーは「スピンムーブ」とも呼ばれています。

　このプレーを行う時には、小さくしかもすばやくスピンするのがポイントです。相手ディフェンスから離れるように大きくスピンすると、相手にコースに入られてしまうからです。

　ボールを持ってスピンするのが難しい場合は、ボールを持たないでまずは練習してみて、スピンする感覚をつかんでください。

ポイント

スピンする時は足の「拇指球《ぼしきゅう》」を使う

すばやくスピンするには足の「拇指球」を使うことがポイントです。「拇指球」とは、足の親指のつけ根あたりにある、丸くてかたいところです。この拇指球がフロアから離れないように重心をのせ、くるりとスピンしてください。

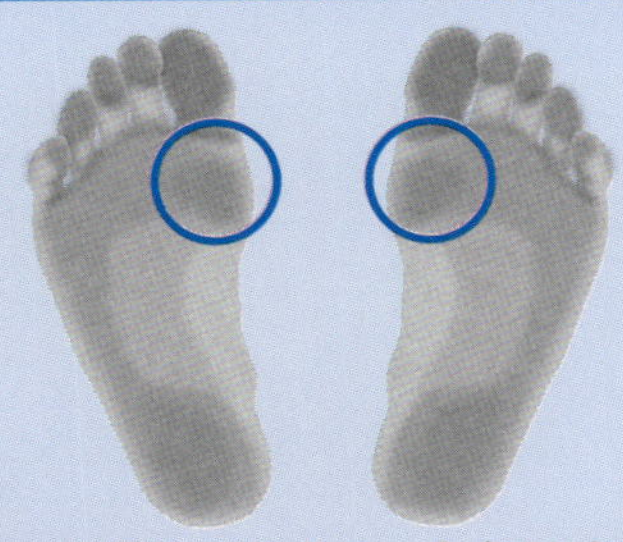

拇指球

足の親指のつけ根あたりにある、丸くてかたいところ

ゴール下からシュートを決めます

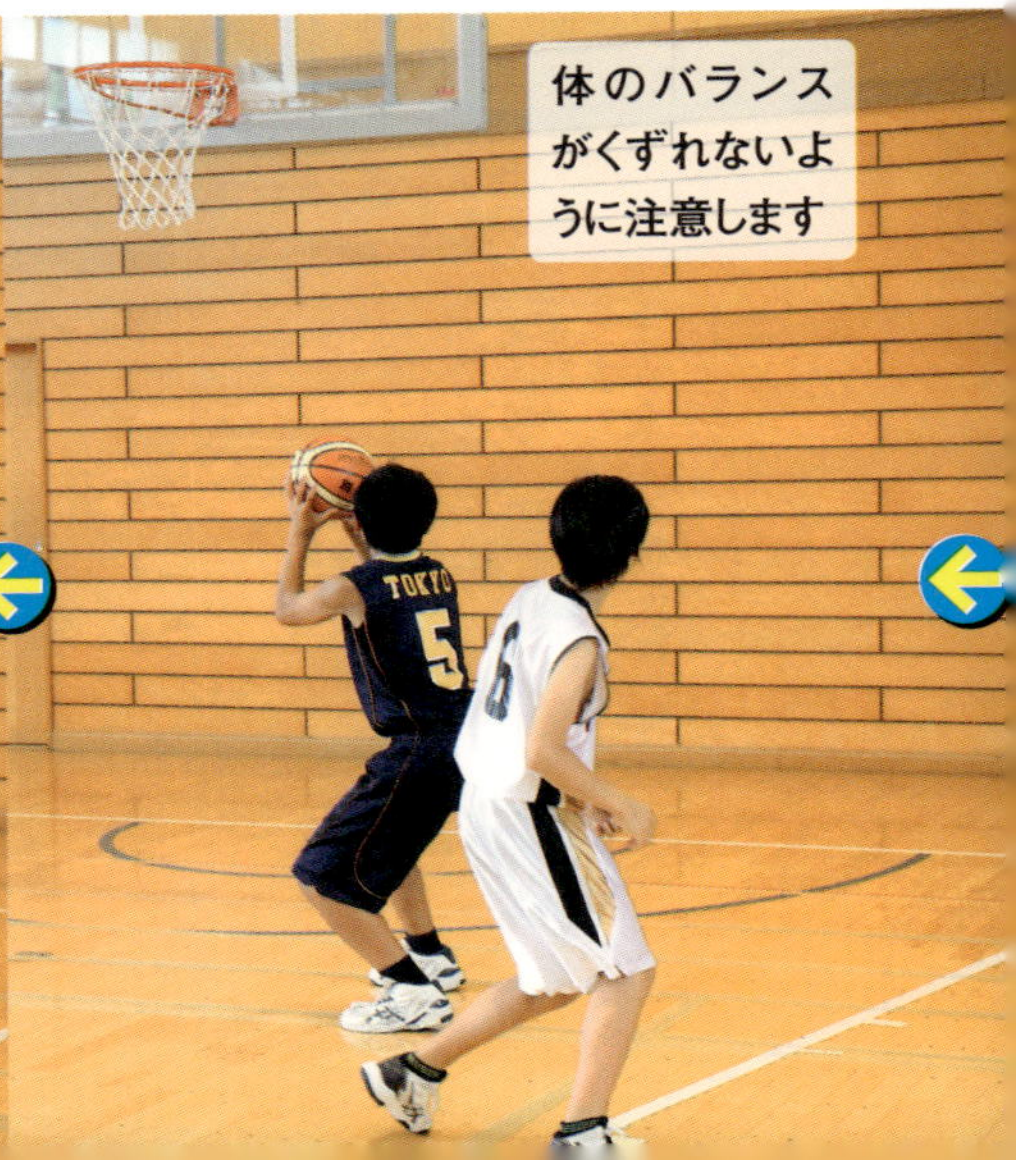

体のバランスがくずれないように注意します

リバースターン

相手ディフェンスがゴール下からのシュートをけいかいしています

自由に動かせる足（写真では右足）をすばやく引きます

ゴールを正面にします

足を引いてジャンプシュートを打つ

自分よりはるかに大きな相手ディフェンスがゴール前にいる時など、ゴールから少し離れたところからジャンプシュートをねらったほうがいい場合があります。

とくに相手が間合いをあけてディフェンスしてくる時には、ゴールを背にした状態から足を引くことによって、ゴールを正面にすることができ、ジャンプシュートを打つことができます。

このような足の使い方を「リバースターン」と言います。84ページで紹介したポストプレーでのパスの受け方と同じような足の使い方です。ゴール下からのシュート以上に、正確なシュート力が求められるので、安定して決められるように反復練習しましょう。

アレンジ

相手が前に出てきたらステップイン

このリバースターンからのジャンプシュートが決まると次のプレーの時、相手ディフェンスの対応が変わります。つまり、ジャンプシュートを打たれないように前に出てプレッシャーをかけてくるのです。そうしたらリバースターンからシュートを打つそぶりを見せて、ゴール方向にステップをふみましょう。シュートフェイクからのステップインでゴール下シュートに持ちこむのです（90 ページ）。

ジャンプシュートを打ちます

相手にブロックされないように注意します

フリースローライン付近からのプレー

ローポストとハイポスト

ポストプレーについて、もう少し細かく説明しましょう。ゴールに近いエリアで行われるポストプレーは「ローポスト」と言うのに対し、フリースローライン付近で行われるポストプレーは「ハイポスト」と言います。

そして84ページで紹介したポストプレーでのパスの受け方は、このハイポストでも使えるプレーなのです。

ハイポストでターンをした時、相手ディフェンスが前に出てきたら、ゴールに向かってドライブイ

相手ディフェンスにマークされている状況です

相手の両足の間に足を入れて、相手のひざにすわるようにしてポジションをとります

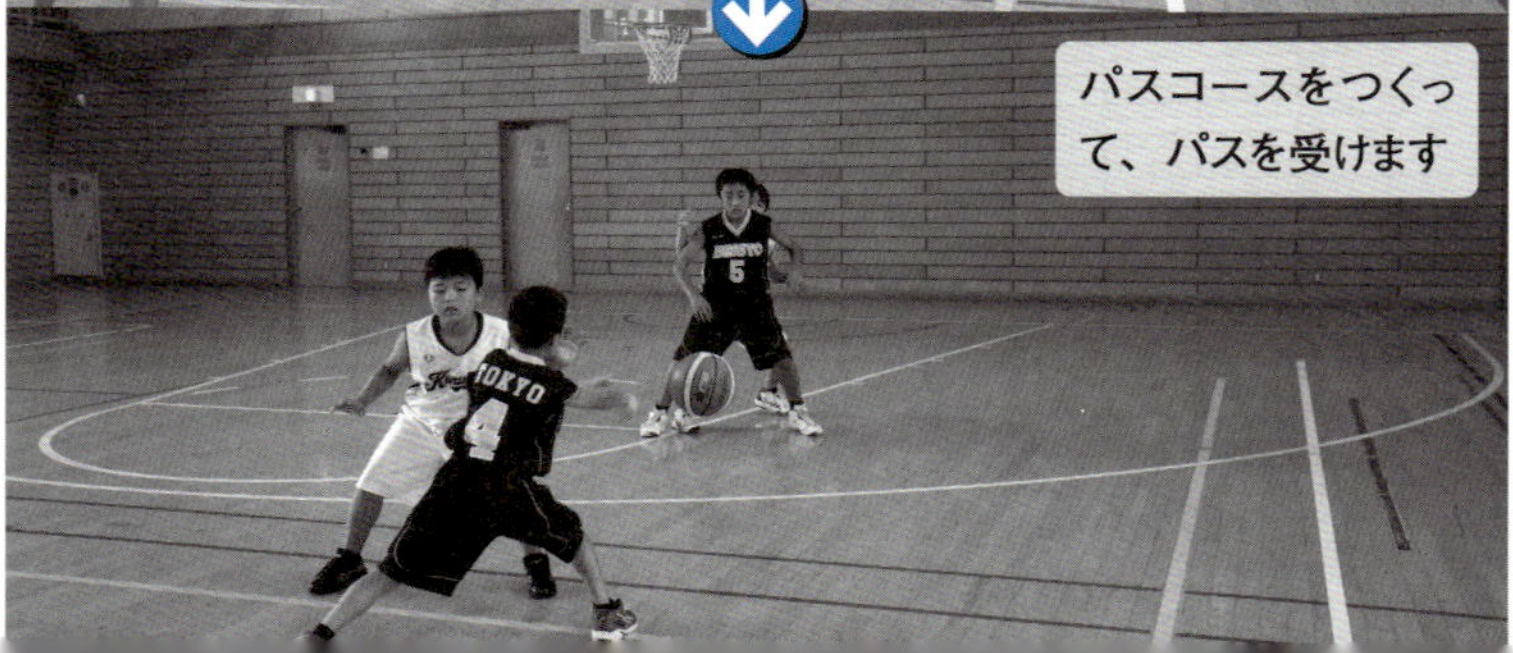
パスコースをつくって、パスを受けます

ンしましょう。そうやって相手とのかけひきを上手に進めることによって、確率の高いシュートを打つことができます。

チェック

トラベリングに注意してターンする

写真のような前向きのターン「フロントターン」だとトラベリングになることがあります。ボールが手から離れる前に、軸足（写真では左足）が離れやすいからです。したがってトラベリングに注意してターンするように心がけてください。そしてトラベリングをさけるという意味では、次のページで紹介する後ろ向きのターン「リバースターン」を上手に使いましょう。

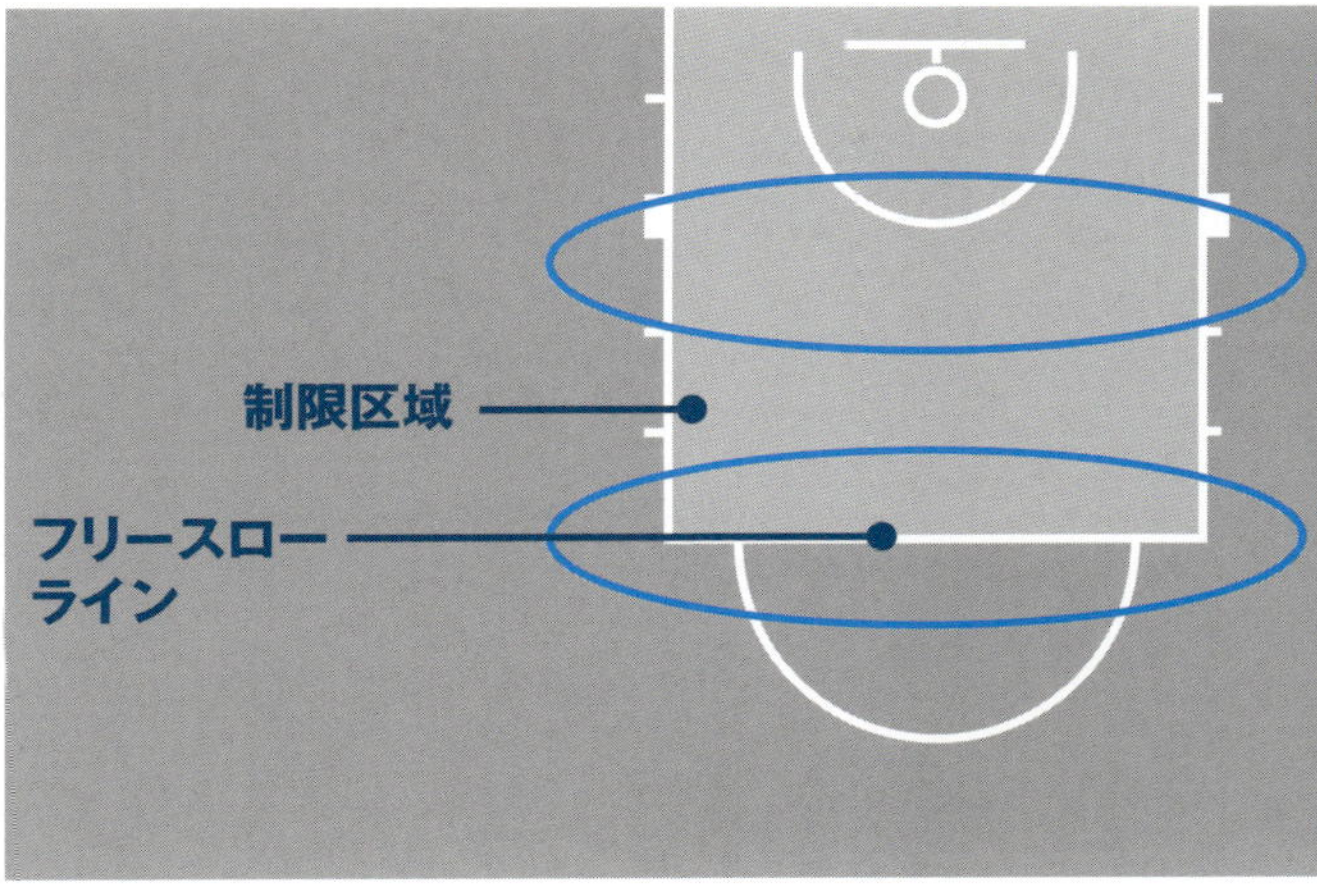

ローポスト
ゴールに近いエリアでのポストプレーです。制限区域のラインを目安にポジションをとります

ハイポスト
ゴールから離れた、フリースローライン付近のポストプレーです。フリースローラインを目安にポジションをとります

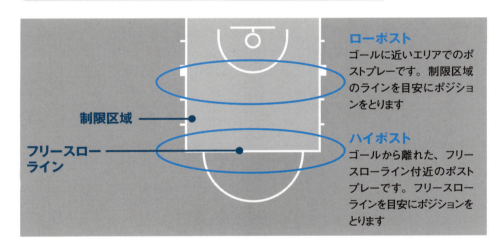

ハイポストでトラベリングをとられる…

クロスステップからドライブインに

ドライブインを紹介した46ページで触れたとおり、ハイポストからゴールに向かう時にも「クロスステップ」が使えます。そうすることで体が安定してからボールをつかっこうとなるだけに、トラベリングになりにくいからです。自由に動かせる足が右足なら左方向に、自由に動かせる足が左足なら右方向ということになります。

クロスステップからのドライブインをつづけると、相手

フリースローライン付近のハイポストでパスを受けます

左足を軸足にして、右足を引きながらリバースターンを行います

ゴールを正面にします

ディフェンスはそのプレーをよんできます。そうしたら逆側にもドライブインできるように、プレーの幅を広げておきましょう。

アレンジ

リバースターンからのジャンプシュートも武器に

リバースターンを行った直後、相手ディフェンスがドライブインをけいかいして間合いがあいている場合があります。そういう時にはすぐさまジャンプシュートをねらうのも手です。つまり94ページで紹介したリバースターンからのジャンプシュートは、このハイポストでも武器になるプレーなのです。

右から攻めるふりをして左から攻めます

クロスステップからドライブインを行います

確実にレイアップシュートを決めます

自分より大きいディフェンスにブロックされそう…

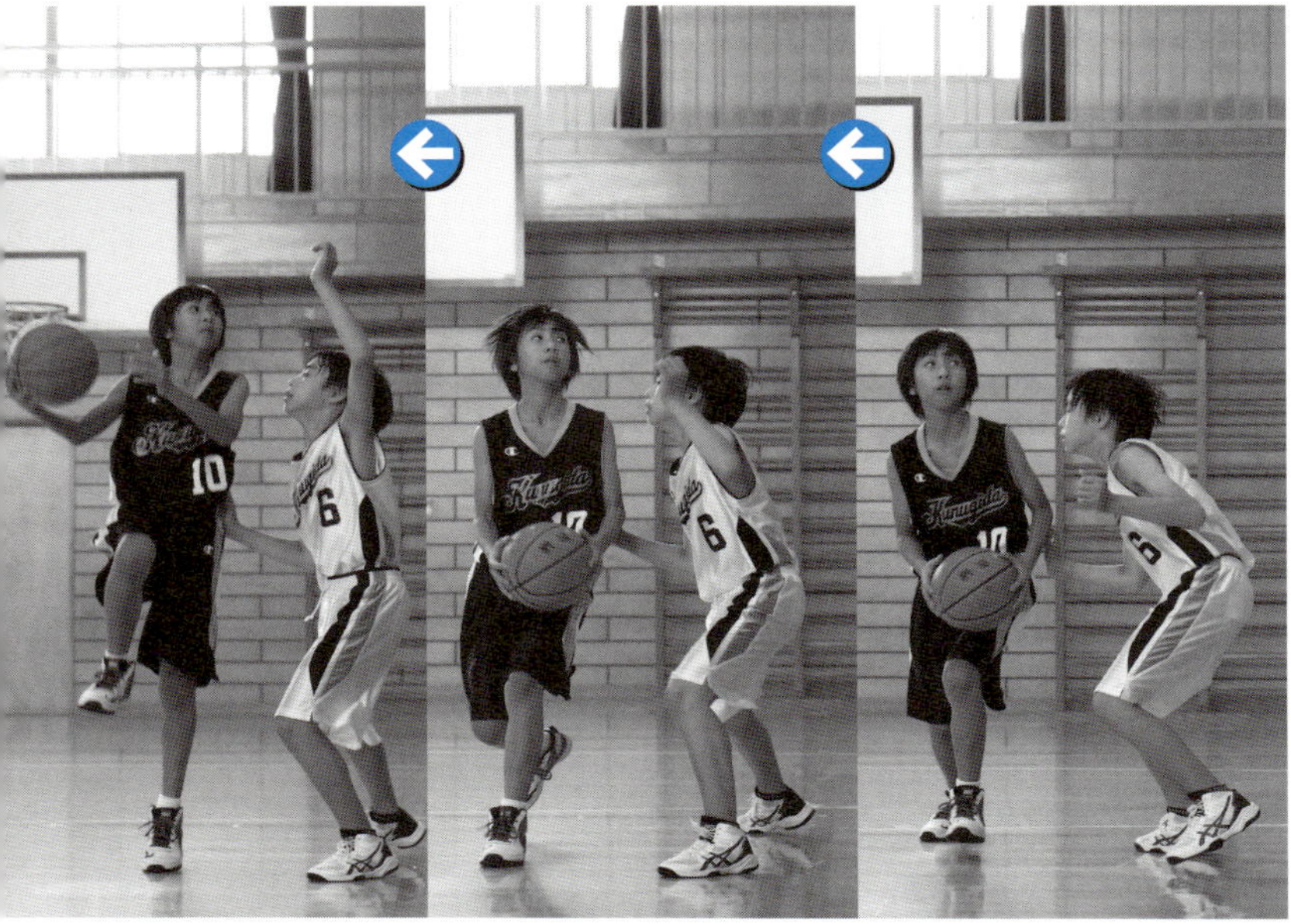

「1、2」とステップをふみ、まっすぐ上にジャンプします

ゴールや相手に対して、自分の体を横向きにします

ゴールの近くで1対1をします

フックシュートを武器にそなえる

ゴールの近くに自分より大きな相手がいる時、シュートを決めるのは難しいです。ジャンプした時にブロックされてしまうからです。でも相手にブロックされにくいシュートがあります。それは「フックシュート」と呼ばれているテクニックです。

ゴールを正面にして、体の前でボールをあげていくのがシュートの基本です。でも、このフックシュートの場合、ゴールに対して横向きになって相手がいないところからボールをあげていき、ボールをふわりとうかせます。

そうすることで相手にとっては体の幅もじゃまになって、ブロックが難しくなるのです。

ただし、決めるのが難しいシュートなので、反復練習しておくことが欠かせません。

ジャンプを始めた場所に着地します

ボールから目を離さず、打った手を残します

ボールをふわりとあげて、相手のブロックをかわします

アレンジ

フックシュートやフックパスを練習する

このフックシュートと同じようなかっこうからパスを出すことができます。それを「フックパス」と言います。そしてフックシュートやフックパスができるようになるいい練習があります。ボールを持って横に腕をのばしてみてください。その状態からボールが頭の上をこえて、逆の手にとどくようにふわりとあげます。そうやって何度もボールを左右に動かすことによって、ボールを手離す感覚や腕の使い方がわかってきます。

自分でシュートを打つのが難しい…

ポストマンからのパスを受けられるように動く

とくにゴールに近いエリアでは相手ディフェンスがきびしくマークしてくるので、簡単にシュートを打つことはできません。そこでシュートを打てなかった時にそなえて、まわりの選手がパスを受けられるように動いておくことが大切です。

写真を見てください。パスを受けたポストマンがドリブルをついているシーンです。ドリブルの間に、パスを出した選手がいったんコーナー方向に動きながらディフェンスのマークをふりはらって

ポストマンがドリブルしながらチャンスをうかがうシーンです

ポストマンにパスを出した選手がコーナー方向に動きます

シュートが打てないポストマンからパスを受けられるように走ります

います。

このようにノーマークの（相手にマークされていない）状態になっておくことで、ポストマンからのパスを受けてシュートを打つことができるのです。

チェック

体の正面からのパスを受けられる

このようにインサイド（コートの内側）からアウトサイド（コートの外側）にパスするような攻撃を「インサイドアウト」と言います。インサイドアウトのとくちょうは、ポストマンからのパスを受ける選手が、体の正面からのパスを受けられることです。横からのパスをシュートするより、正面からのパスのほうがシュートを打ちやすいだけに、「インサイドアウト」は、とてもよい攻撃なのです。

ポストマンからのパスを受けます

シュート体勢に入ります

シュートが放たれたら、ポストマンはすぐさまリバウンドをねらいます（156 ページ）

まぎわの1対1
る

第4章

ボールを持つ

でも相手と勝負す

ボールを持たない時の心がまえと4つの動き

まわりをよく見ながら考えて動いて準備する

ここまでボールを持った時のプレーを紹介してきましたが、実は試合ではボールを持っていない時間のほうが長いです。ボールを持っている時、チームメートがボールを持っている時、相手がボールを持っている時、そしてどちらの選手もボールを触っていない時もあります。したがって1人の選手がボールに触っている時間は、いくら長くても数分なのです。

それだけに攻撃時、ボールを持っていない時の時間を大切にしなくてはいけません。つまり、自分にとって有利な状態でパスを受けられるように準備しておくということです。

その時に大事なのは、「まわりをよく見

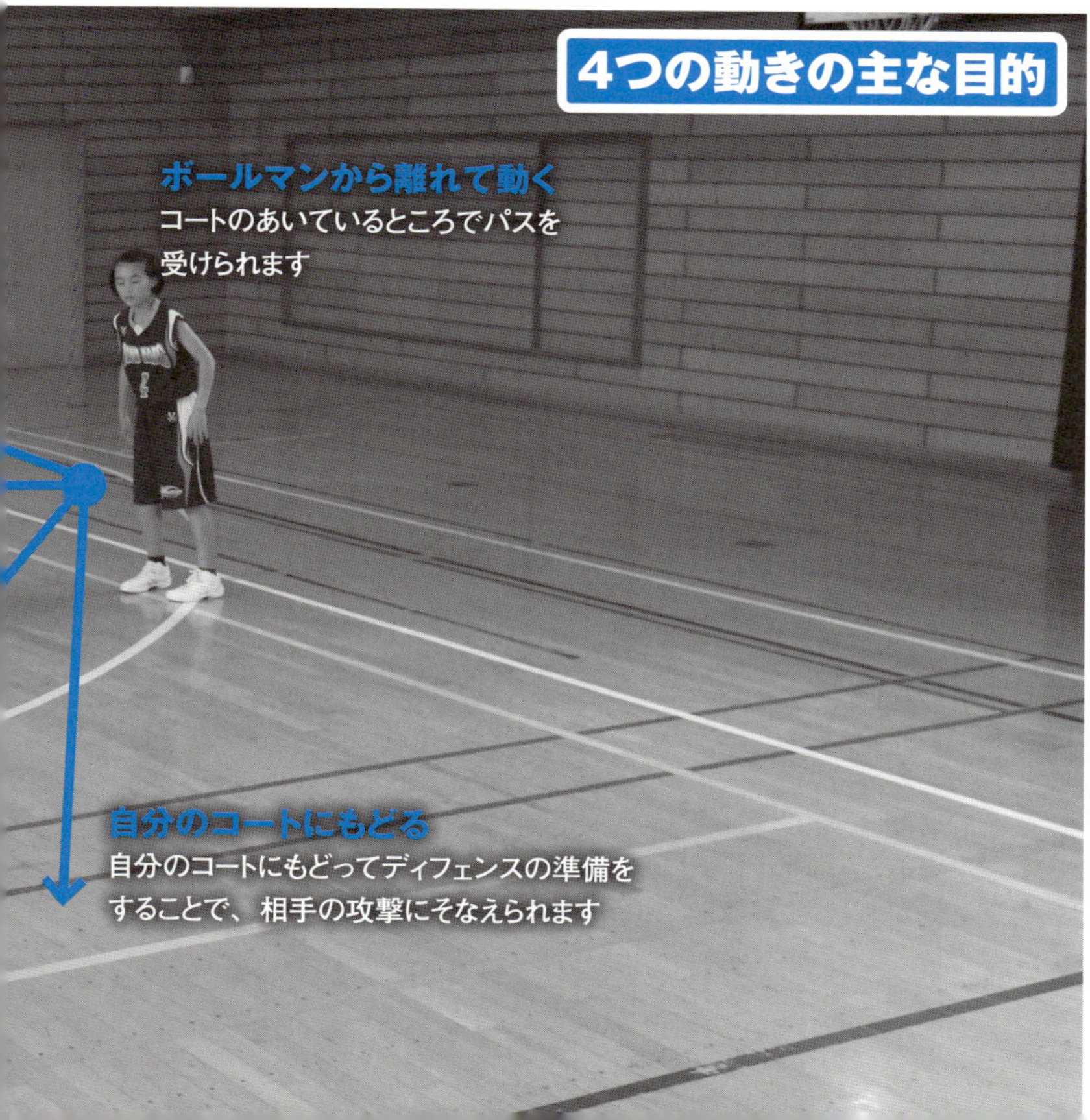
4つの動きの主な目的
ボールマンから離れて動く
コートのあいているところでパスを受けられます
自分のコートにもどる
自分のコートにもどってディフェンスの準備をすることで、相手の攻撃にそなえられまする」ということです。

ボールはどこにあるのか。

チームメートはどこにいるのか。

相手はどうやってまもっているのか。

そうしたことを考えながら動くのです。

そしてボールを持っていない時の動き方は、写真の→のように4つに整理することができます。

✓チェック

「スペース」を意識する

ボールマンから離れて動くことによって、パスを受けられることがあるのに加え、ボールマンもプレーしやすくなります。ボールマンにとっては、近くにだれもいないことでドリブルやシュートを行いやすくなるのです。このようにプレーがしやすい空間のことを「スペース」と言います。つまり攻撃しやすいスペースをつくること、そしてスペースをいかすことが大切なわけです。

ゴールに向かって動く
ゴールに向かいながらパスを受けることで得点のチャンスをつくることができます
ボールマンに向かって動く
相手ディフェンスにボールに触られないように、確実にパスを受けることができます
ボールマン
TOKYO
6

1・2のリズムをおぼえる

45 度でパスを受けられない状況で、ゴール方向にゆっくりと動きます

相手ディフェンスもマークしてきます

タイミングを計って方向転換します

急にスピードアップして相手を一気に引き離します

両手で確実にパスをキャッチします

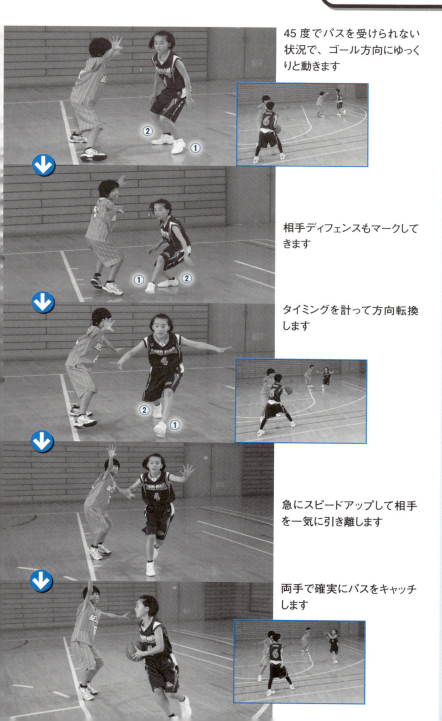

走るコースが「V」の字になる動きの基本

45度でパスを受けられない時には、一度ゴール方向に走ってみましょう。相手ディフェンスとしてはゴール近くでパスを受けられると、簡単にシュートを決められてしまうのでマークしてきます。

そこで急に方向転換し、45度にもどることによってパスを受けられます。この動きは、走るコースが「V」の字になることから「Vカット」とも呼ばれている動きの基本です。

大事なのは動きの方向を変える時の足の運び方です。次のリズムを意識してください。

①ボールマン側の左足、右足の順で止まります

②右足を軸足にして、左足を進行方向へふみ出します

この足が逆になると、次への対応が遅くなるので気をつけてください。

ポイント

「チェンジオブペース」を心がける

ずっと同じスピードで動くのではなく、ゆっくりとした走りから一気にスピードアップする「チェンジオブペース」を心がけましょう。たとえ走るのが遅い選手でも、そうすることで相手を引き離すことができます。そして走るのが速い選手もずっと同じスピードで動いていたら相手に対応されてしまうので気をつけてください。

✕ わるい

止まった後、進行方向の足ではなく、ゴール側の（右）足でふみ出すと、遅くなってしまいますし、まもられた時に、次に相手をふりきる動きも遅れてしまいます

ボールを持って
攻撃します

相手の後ろをつく

ボールマンに向かってパスを受けようとします

相手ディフェンスがパスコースに体を入れてきます

パスコースに体を入れてきたら「バックカット」をねらう

前のページで紹介したVカットからパスを受けようとすると、相手はパスコースに体を入れてディフェンスしてくることがあります。

そうしたらすかさず、ゴールに向かって走りながらパスを受けましょう。相手の後ろをつくような動きになることから「バックカット」と言います。このようなかっこうでパスを受けられることで、確率高く決められるレイアップシュートにつなげることができます。

もし相手がこのバックカットを

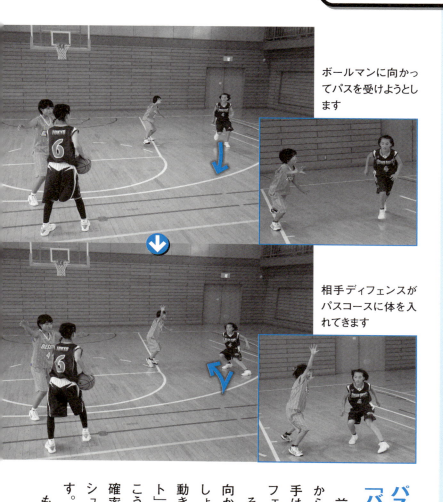

方向転換して、ゴール方向に走りこみます

相手の後ろをつくかっこうとなり、ゴール近くでパスを受けられます

けいかいしてゴール近くにポジションをとるような場合は、ゴールから離れているエリア「アウトサイド」でパスを受けるなど「かけひき」を上手に行いましょう。

チェック

「1・2」のリズムを忘れないように

108ページで紹介した「1・2」のリズムをバックカットでも意識してください。
「1」ゴール側の右足、左足の順で止まります
「2」進行方向の右足をふみ出します
これらの足が逆になると、遅くなるので注意してください。

相手の動きをおさえてパスコースをつくる

ディフェンスの動きがすばやい時の受け方

相手ディフェンスをどうしても引き離せない時があります。相手の動きが自分よりすばやい時などです。そういう場合には、自分の体で相手の動きをおさえてパスを受けるのも手です。

ゴール下のプレーとして紹介した「ポストプレー」と同じようなかっこうです（84ページ）。ローポストからボールマンのほうに動きながらパスを受けられる場合もありますが、たとえそこで受けられなくても、相手の動きをおさえることによって、

ローポストから動き出します

相手がすばやい動きでついてきます

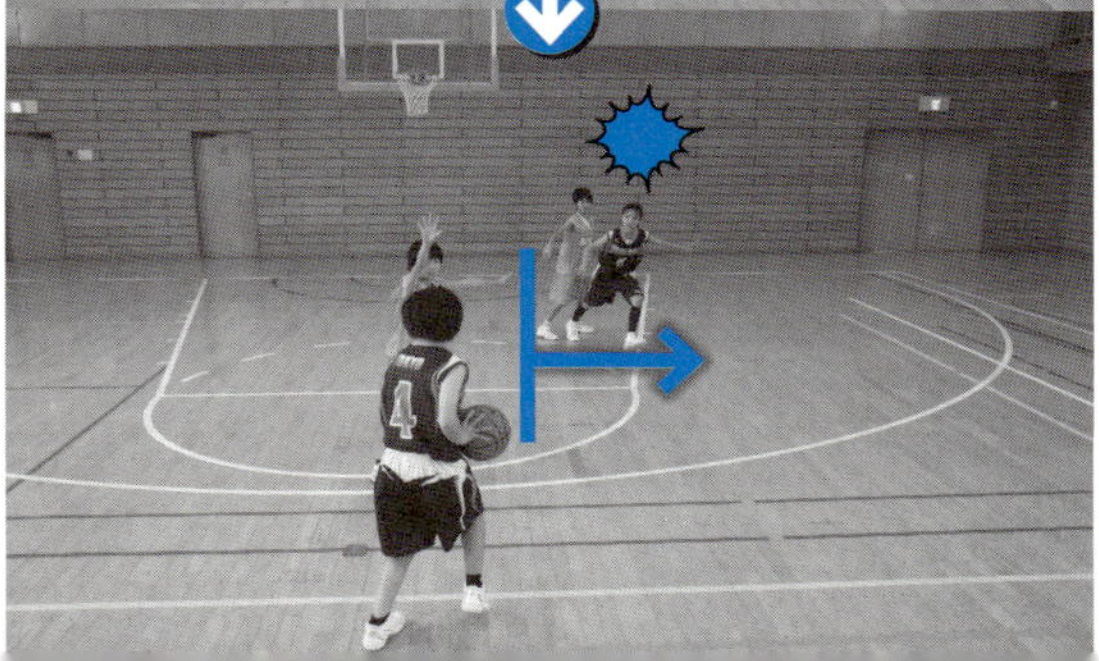

ディフェンスと「Tの字」になった時が方向を変えるチャンスです

45度でパスを受けられます。とくに体の大きな選手がパスを受ける時には、この方法が役に立つはずです。相手ディフェンスが出してくる手に注意しながら確実にパスを受けられるようになりましょう。

チェック

自分が有利になる動きとは?

どこでパスを受けるのが、自分にとって有利になるのか考えるようにしましょう。たとえば、大きな選手がこのようにパスを受ける場合、ゴールの近くでかまえたほうが有利です。なぜなら自分の高さをいかして、ゴールの近くでパスを受けたほうがシュートを確実に決められるからです。

相手を引き離すために動きます

45 度で確実にパスを受けます

ゴールに向いてしっかりと止まります

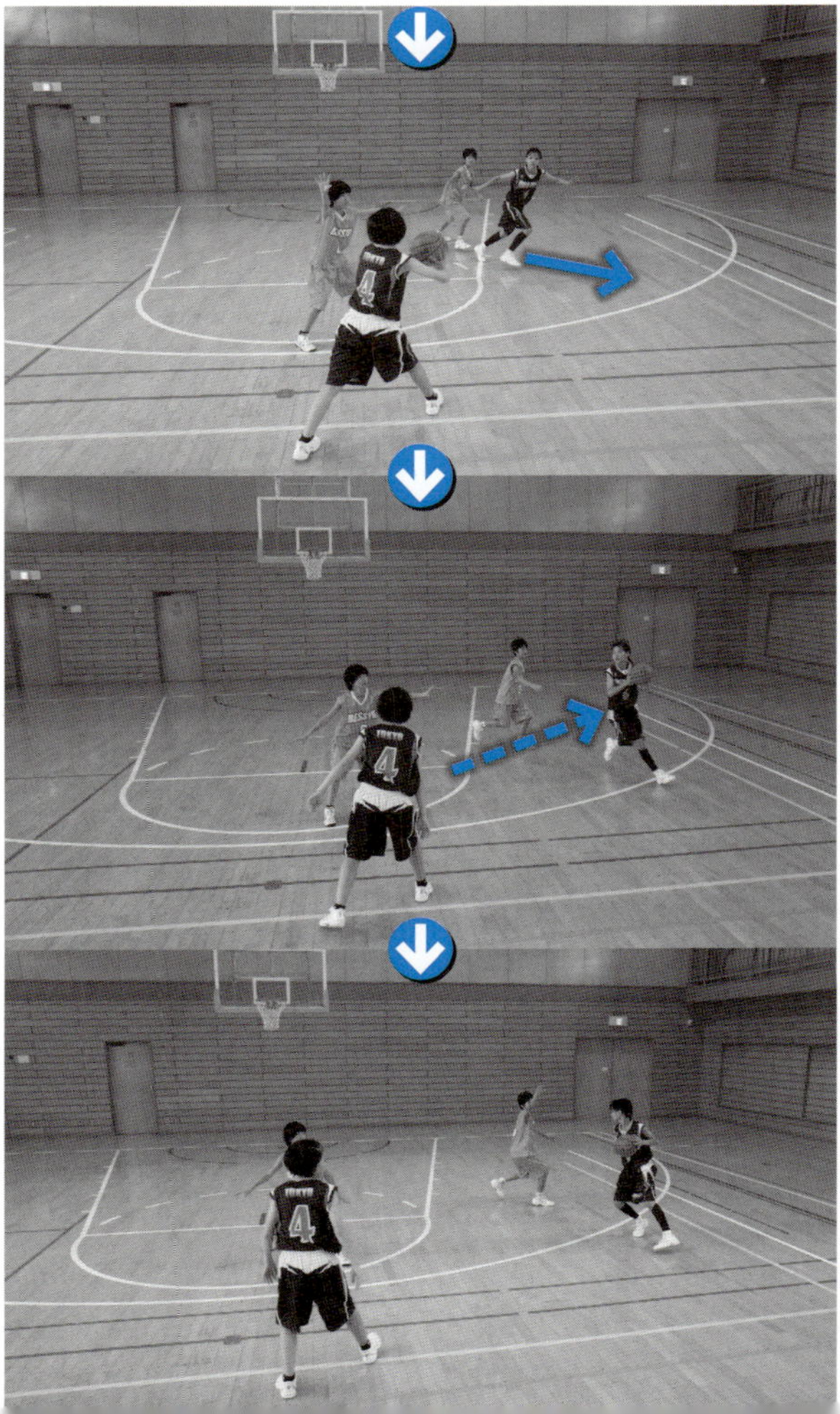

ジャンプストップ

ターゲットハンドを出し、パスを受けるかまえをとります
ボールマンのほうに走りこむところです

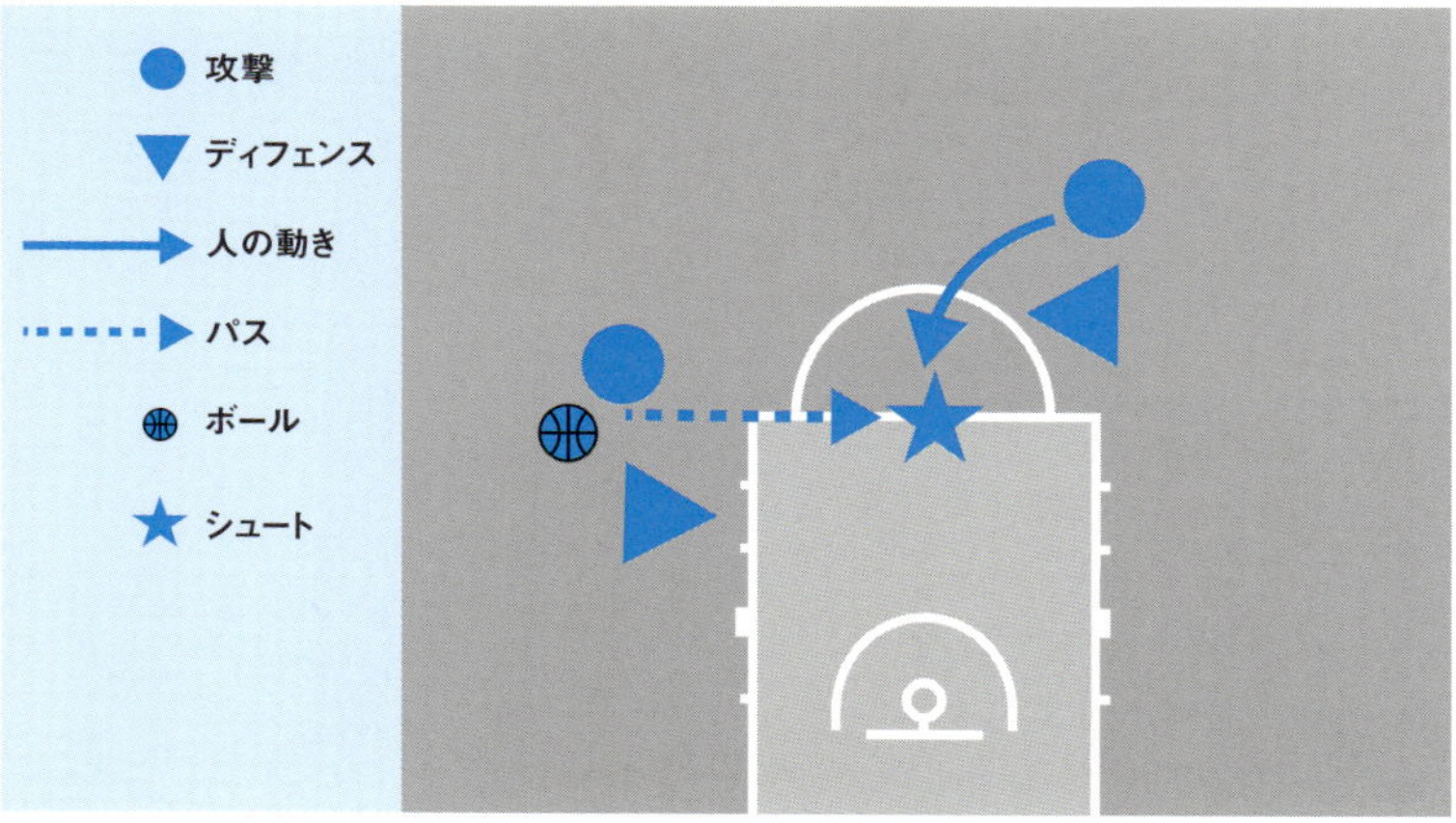
攻撃
ディフェンス
人の動き
パス
ボール
シュート

両足着地でゴールを正面にする

次にパスを受ける時の体の使い方を見てみましょう。

2つある止まり方のうち、両足同時に着地させるのが「ジャンプストップ」です。ジャンプストップのとくちょうは着地した後、最初にふみ出した足が自由に動かせる足となることです。つまり軸足をどちらにするか着地した後、決められるということです。

そして低いジャンプでパスを受けることによって、すば

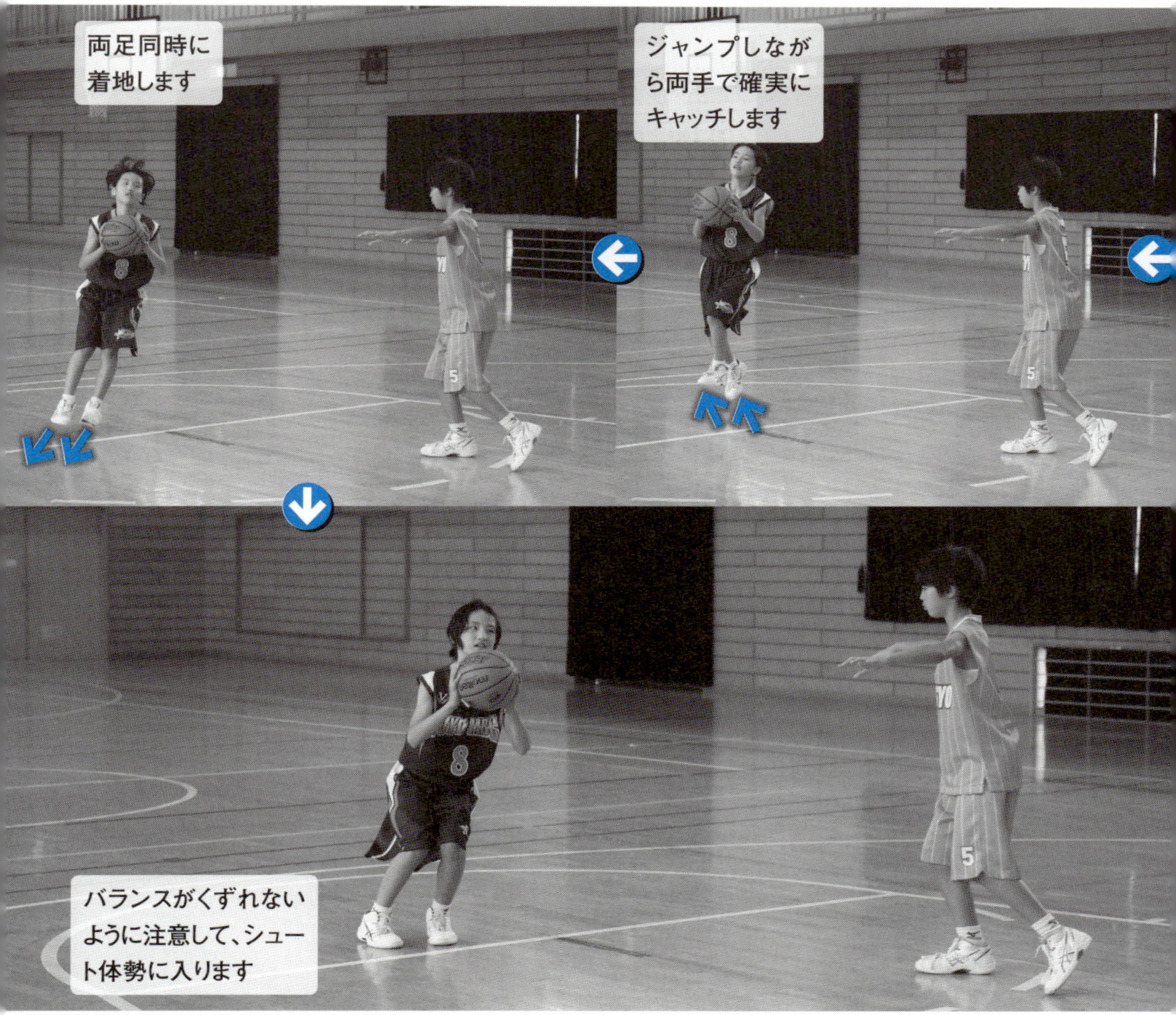
両足同時に
着地します
ジャンプしなが
ら両手で確実に
キャッチします
バランスがくずれない
ように注意して、シュー
ト体勢に入ります

やいモーションでジャンプシュートも打てます。

ただし、相手ディフェンスのマークがきつい時など、かなりのスピードで走りこんだ場合には、116ページで紹介する「ストライドストップ」のほうが使えることをおぼえておいてください。

チェック

トラベリングに注意するように

ジャンプする前にボールに触ると、着地した時が2歩目となります。その状態からドライブインに移行する時など、軸足が離れてトラベリングになるケースが多いです。そのようなミスをしないように注意しましょう。

ストライドストップ

パスを受けた瞬間、1歩目で止まる意識を持ちます
ゴールに対して横からパスがきます

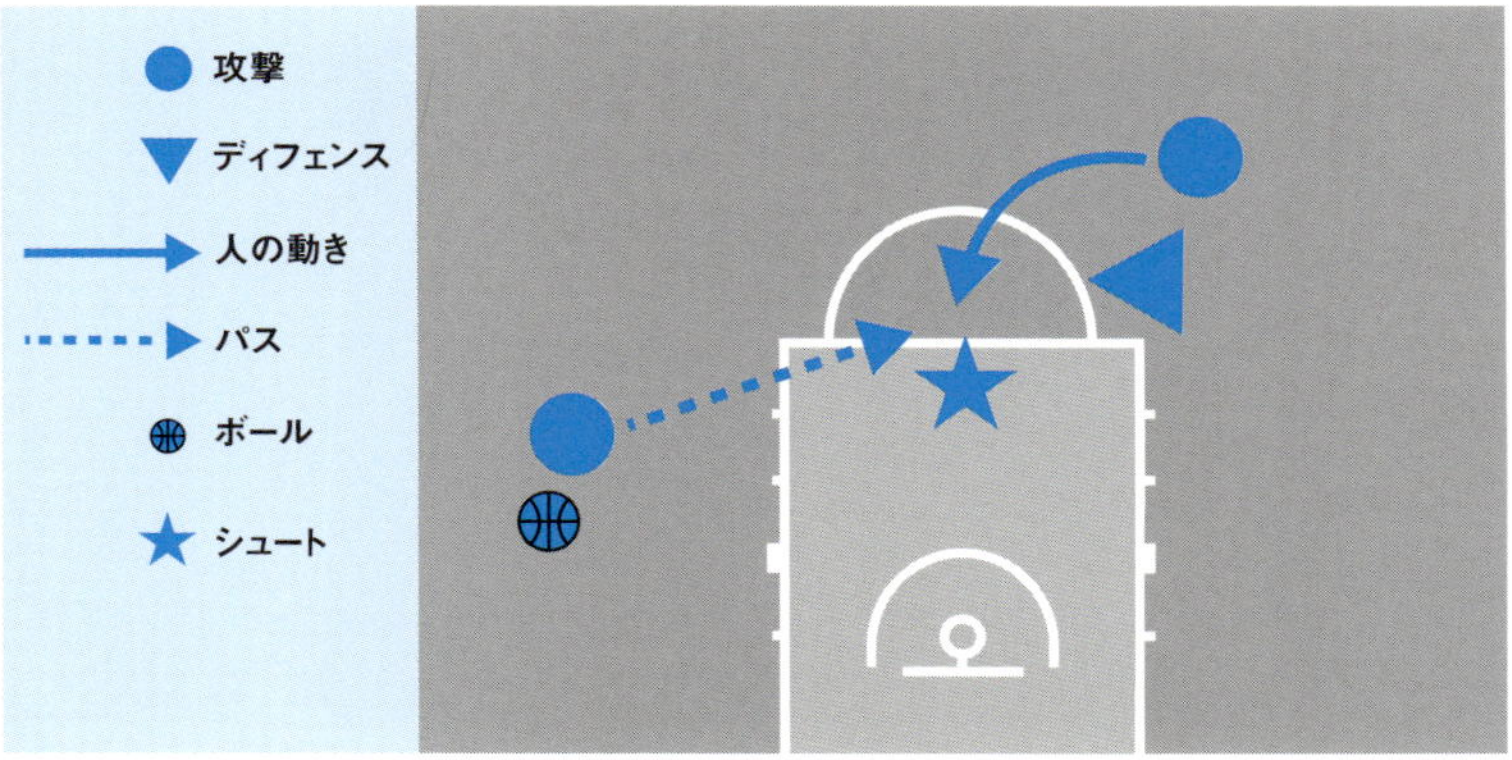
攻撃
ディフェンス
人の動き
パス
ボール
シュート

片足ずつ着地してゴールを正面にする

試合では相手のマークをふりはらうために、かなりのスピードで動く場合が多いです。そういう状況で使えるのが片足ずつ着地する「ストライドストップ」です。

ボールマンのほうに走っている状態から、パスを受けた瞬間、つま先とひざをゴール方向に向けて「1、2」のステップをふみます。「1」で止まり、「2」でバランスをととのえる意識を持つことで、しっかりと止まれるようになります。

そこから自分のリズムでジャンプシュートを打ちましょう。

シュート体勢
に入ります

2歩目でバランスをととのえる
意識を持ち、足のつま先とひ
ざをゴール方向に向けます

確実にシュート
を決めます
BESSYO
5

ポイント

「2」の足を前に ふみこみすぎない

横からのパスをストライドストップで受ける場合、「2」の足を前にふみこみすぎないように注意しましょう。体を回転させるいきおいのまま足が前に出すぎるとジャンプシュートのフォームもくずれてしまうからです。自分のリズムでジャンプシュートが打てるような止まり方を心がけましょう。

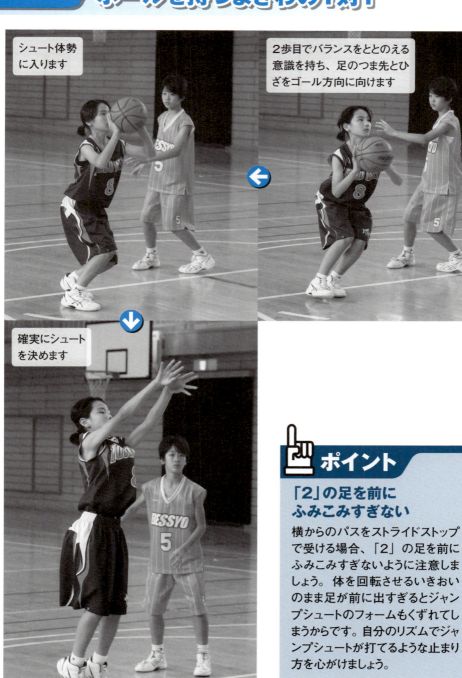

前向きでパスを受けてフロントターン

パスを受ける時のステップからドリブルに移る動きをおぼえる

ボールを持っていない時に、相手ディフェンスを引き離しておくことによってパスを受けられる可能性が高まります。そこでパスの受け方を確認しておきましょう。パスを受ける時のステップからドリブルに移る動きをおぼえるのにいい練習となるのが「シェービングドリル」です。

両足のステップワークをスムーズに行えるようにするこのシェービングドリルは、トップからのパスを45度で受けて行います。

パスを受ける前の走りこみ方、パスを受けた後のステップのふみ方を

トップのボールマンからのパスを受けるため、45度に走りこみます

相手ディフェンスの状況をはあくしてステップのふみ方を判断します

片足（右足）をふみこみながらパスをキャッチします

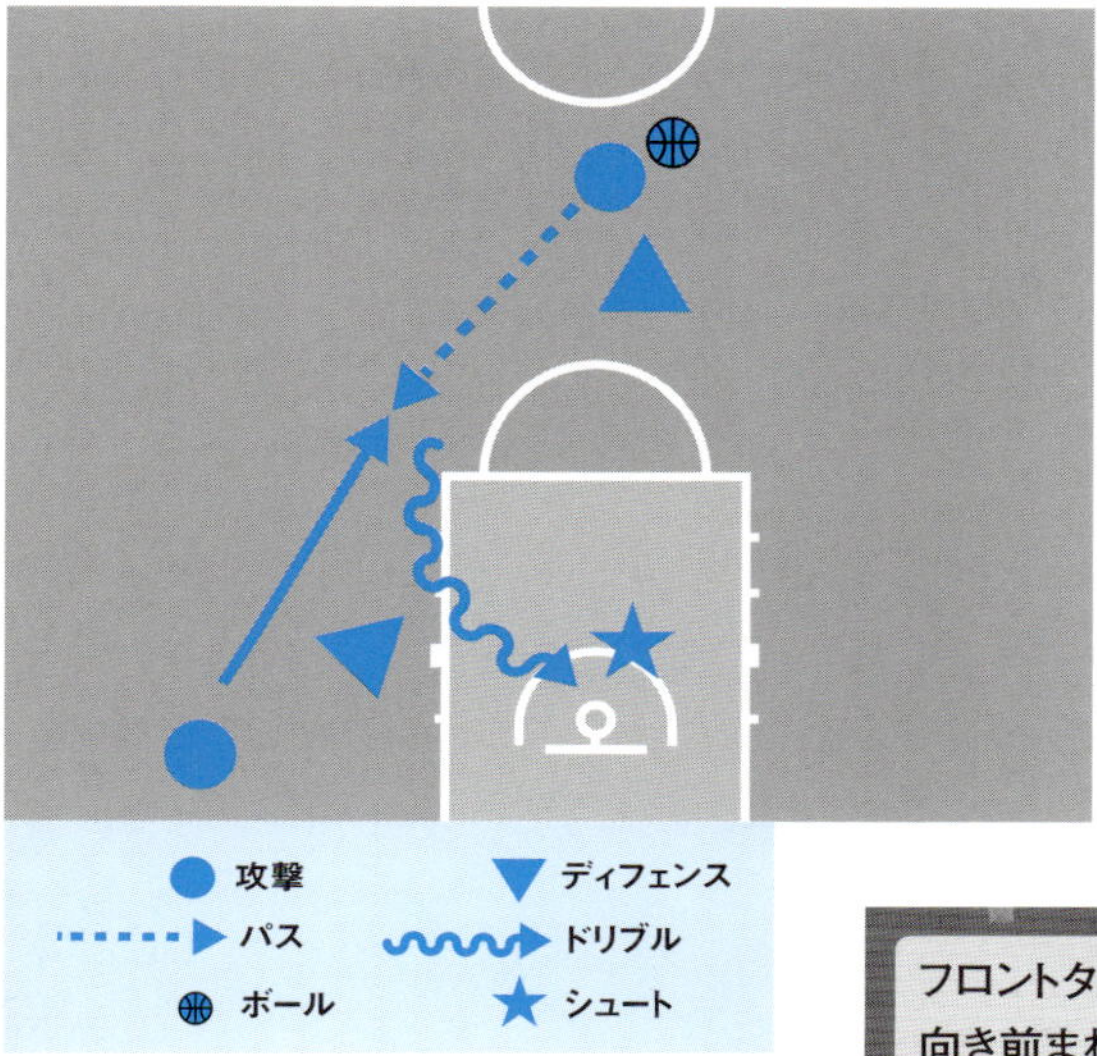
攻撃
パス
ボール
ディフェンス
ドリブル
シュート

おぼえることによって、ミスが少なくなるはずです。

パスを受ける前に相手ディフェンスを引き離している時には、（写真のように）ゴールを正面にしてフロントターン（前向きまわり）することによって、しっかりと止まることができます。

フロントターン（前向き前まわり）のかっこうです
トラベリングに注意してクロスステップをふみこみます
ドライブインからレイアップシュートに持ちこむことができます

アレンジ

基本ステップを使い分けられるように

ポイントとなるのがパスを受けてフロアに着地した足「軸足」を、ボールをつくまで離さないこと。そしてもう一方の自由に動かせる足をすばやくふみ出してドリブルします。パスを受ける瞬間のステップのふみ方を、ボールマンのねらい、相手ディフェンスの状態、そしてチームメートの位置などによって使い分けられるように練習しましょう。シェービングドリルにはほかに３つの基本ステップがあります。次のページからそれぞれポイントをおさえておいてください。

前向きでパスを受けてリバースターン

自由に動かせる（左）足を軸足（右足）の近くに引いていきます
顔をすばやくゴール方向に向けながらターンします
軸足の近く
ディフェンスからボールをまもりながらドライブインにうつります
軸足（右足）が離れないように注意してフロアにボールをつきます

45度でパスを受け、相手ディフェンスの状況をはあくしてステップのふみ方を判断します
フロントターン（前向き前まわり）に対して、相手がコースに入ってきます

チェック

ふり向いた瞬間を相手にねらわれやすい

リバースターンしてゴール方向にふり向いた瞬間、ディフェンスがコースに入っている場合にも備えておきましょう。すぐさま左右にボールを動かす「フロントチェンジ」を行うことで相手をかわすことができます。このリバースターンのように相手やゴールを背にするプレーを行う時には、ふり向いた瞬間を相手ディフェンスにねらわれやすいのです。

相手を背にしてボールをまもりながらターン

ゴールを正面にしてフロントターンで止まった時、相手ディフェンスがコースに入ってくる場合があります。

とくに、自由に動かせる足をおさえにきた時には、そのままリバースターンします。つまりゴールや相手ディフェンスを背にしてボールをまもりながら足を引き、逆側にドリブルをつくということです。

このステップからジャンプシュートを決めるのは難しいので、まずはドリブルにうつるステップとしておぼえましょう。

後ろ向きでパスを受けてフロントターン

相手とゴールを背にしたままターンする

相手ディフェンスがプレッシャーをかけてパスコースに入ってくる時には、相手とゴールを背にするかっこうでパスを受けたほうが安全です。

ただし、そのまま相手との間合いがせまい状態でボールを前に持ってくると相手に取られてしまいます。そこで相手とゴールを背にしたまま、フロントターンをします。

軸足（写真では左足）をフロアから離さないようにし、自由に動かせる足（右足）を

相手がプレッシャーをかけてパスコースに入ってきます

左足を軸足に、ゴールに対し後ろ向きでパスを受けます

ゴールと相手を背にするかっこうでボールをまもります

チェック

ドリブルをつくべきか冷静に判断するように

このプレーでも120ページと同じように、ターンしてゴール方向にふり向いた瞬間、ディフェンスがコースに入っている場合にそなえておくことが大切です。ドリブルを始める前に、ボールを逆側に動かしてクロスステップをふむことによって相手をかわしながら、ミドルドライブにうつることもできます。左右にボールを動かす「フロントチェンジ」も使えますが、ドリブルをつくべきか冷静に判断することも忘れないようにしてください。

動かしながらくるりと回転して、シュートやドリブルにうつりましょう。

軸足である左足を離さないようにし、右足を動かしながらフロントターンします

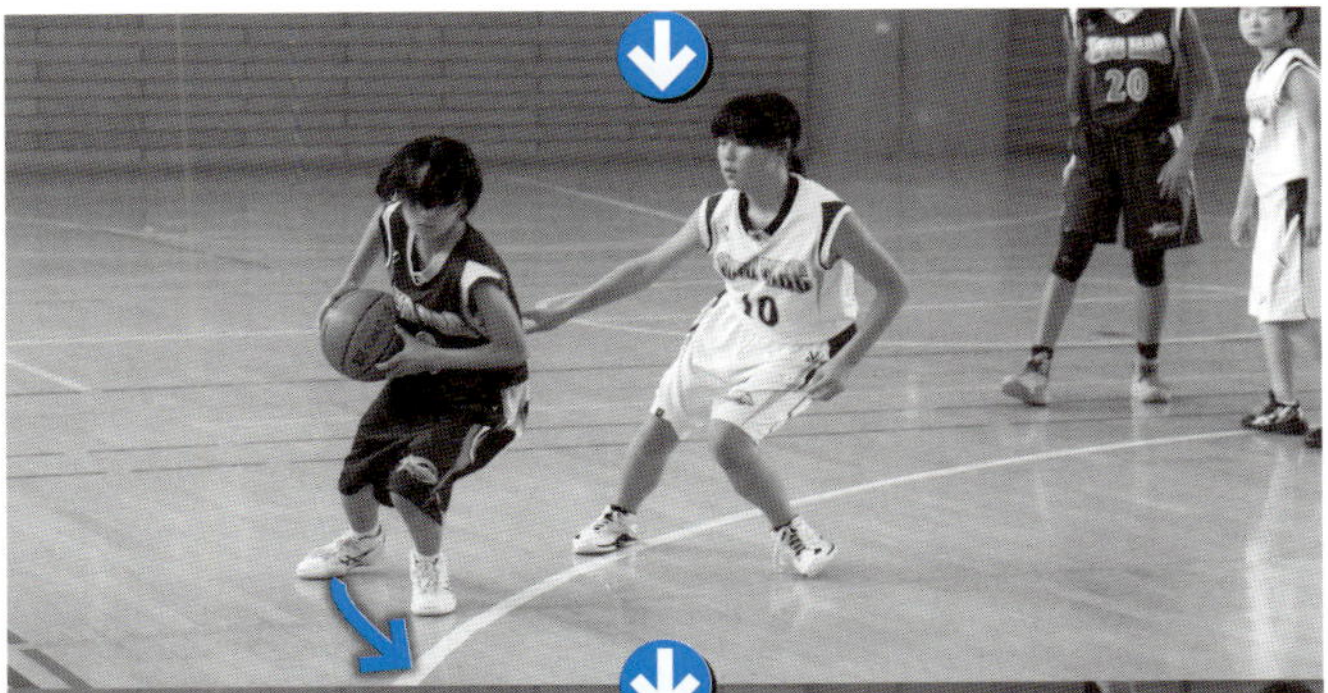

ゴールを正面にして攻撃します

トラベリングに注意してベースラインドライブにうつります

後ろ向きでパスを受けてリバースターン

足を引いて ゴールを正面にする

相手ディフェンスとゴールを背にしてパスを受けた時、相手がドライブインをけいかいして間合いを広げることがあります。そういう時には、足を引くようにする「リバースターン」でゴールを正面にしましょう。

そのままジャンプシュートに持ちこみやすいだけでなく、相手がシュートをけいかいして前に出てきたら、ドライブインにもうつることができるステップです。

ポイントは（この写真の場合）、左手でボールを先に右足の前につくことでトラベリングをさけることです。

レイアップシュートを確実に決めます

左足を軸足に、ゴールに対して後ろ向きでパスを受けます

ゴールと相手を背にするかっこうでボールをまもります

左足を軸足に、自由に動かせる右足を引いていきます

ゴールを正面にして攻撃します

トラベリングに注意してベースラインドライブにうつります

アレンジ

ゴールを使わないドリルの進め方

ゴールを使えるのであれば、シェービングドリルの４つのステップからレイアップシュートを決められるように練習しましょう。でもゴールが使えなくても、このドリルは行えます。手順は次のとおりです。

1　５メートルくらい離れて、それぞれ列をつくります
2　１人がボールを持ち、逆の１人が動き出します
3　動き出した選手が前向きか、後ろ向きでパスを受けます
4　フロントターンかリバースターンをふんでからドリブルをつき始めます
5　５メートルくらい進んでからドリブルを止めて同じようにステップをふみ、次に走りこむ選手にパスします
6　順に4種類のシェービングドリルを行っていきます

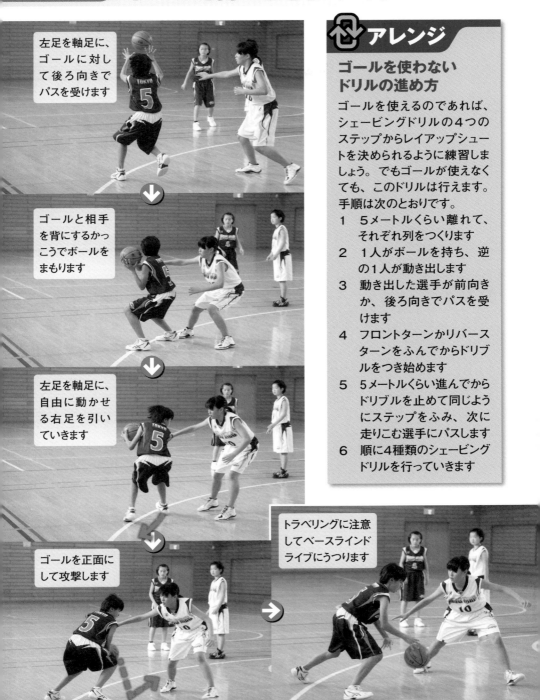

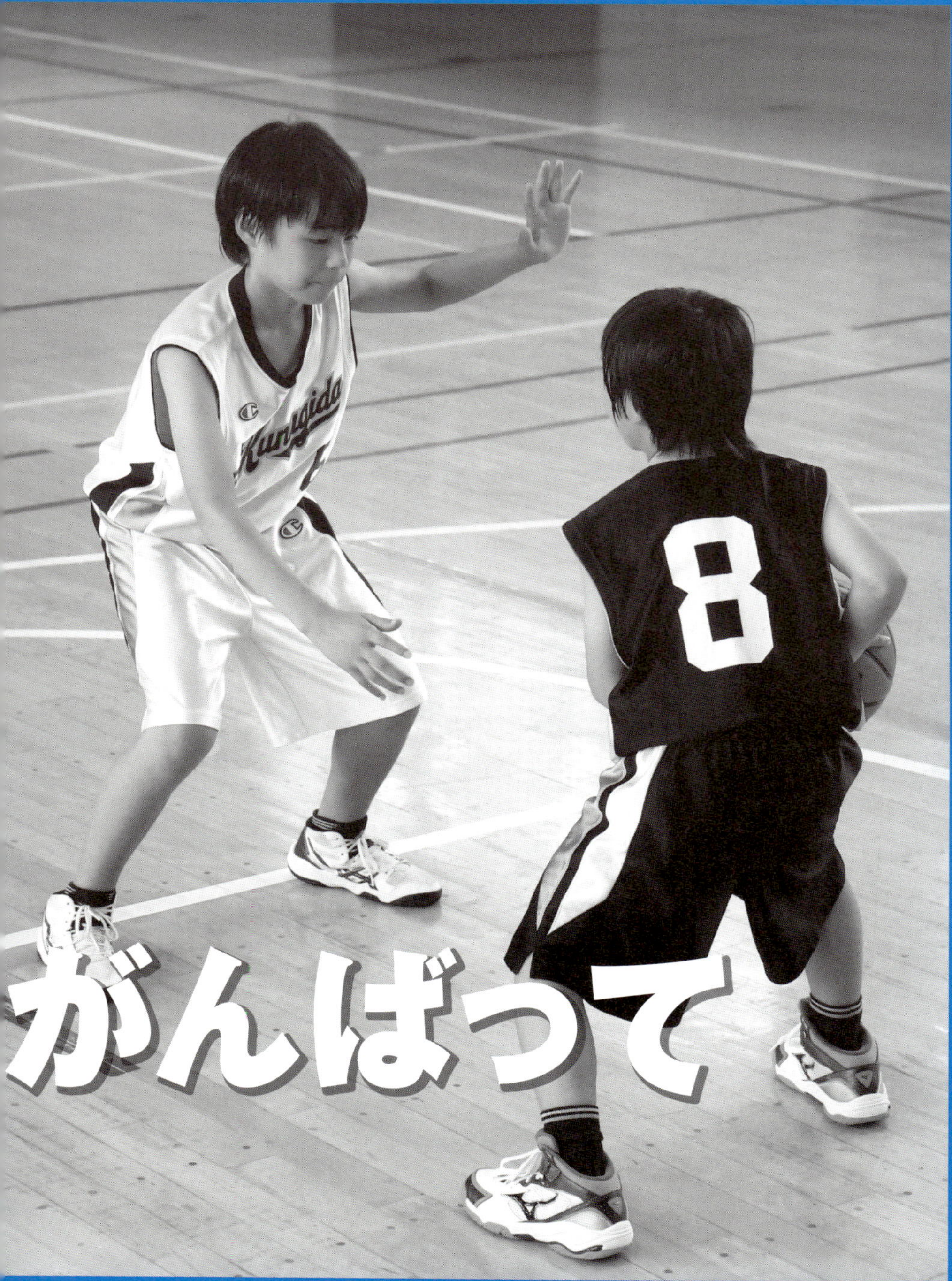
がんばって
Kunugida
8

第5章

ディフェンスを試合で勝つ

相手に得点を決めさせない

マンツーマンディフェンスを武器としてそなえる

試合で安定して勝てるチームには共通点があります。それは相手に楽に攻撃をさせないだけのディフェンスをそなえていることです。ディフェンス力をそなえて相手のリズムをくずし、逆に自分たちの流れにしていくということです。

そのためには相手にシュートを打たれる前にボールを奪う「スティール」をできるのが理想です。そのまま攻撃にうつり、得点できることもあります。でもそのスティールばかりをねらいすぎると、ファウルにつながる危険性もあります。そこで大事なことは、「相手の攻撃に時間を使わせ、苦しいシュートを打たせる」というディフェンスです。

チームディフェンス
自分がマークする選手にパスを受けさせないようにしながら、ボールマンのディフェンスを助けます
パスを受けようとする選手
ボールを持っていないほかの選手もパスを受けて攻撃をしてきます

第5章　ディフェンスをがんばる

とくに現在は、1対1でまもる「マンツーマンディフェンス」がルールとして決められています。それでもチームメートがドリブルで抜かれそうな時には「助ける」などいろいろな動きが必要になります。

この章では、ディフェンスを武器とするうえで必要となるディフェンスの技術を紹介していきましょう。

チェック

相手に得点させない強い気持ちを持とう

試合で勝つうえでディフェンスは大事な要素ですが、小学生にとってはどちらかというとボールを使った練習に時間をかけたほうがいいでしょう。それだけに毎日少ない時間で集中してディフェンス練習を行ったほうが効果的です。そしてただディフェンスの動き方をおぼえるだけでなく、「相手に絶対、得点させない!」という強い気持ちを忘れないようにしてください。

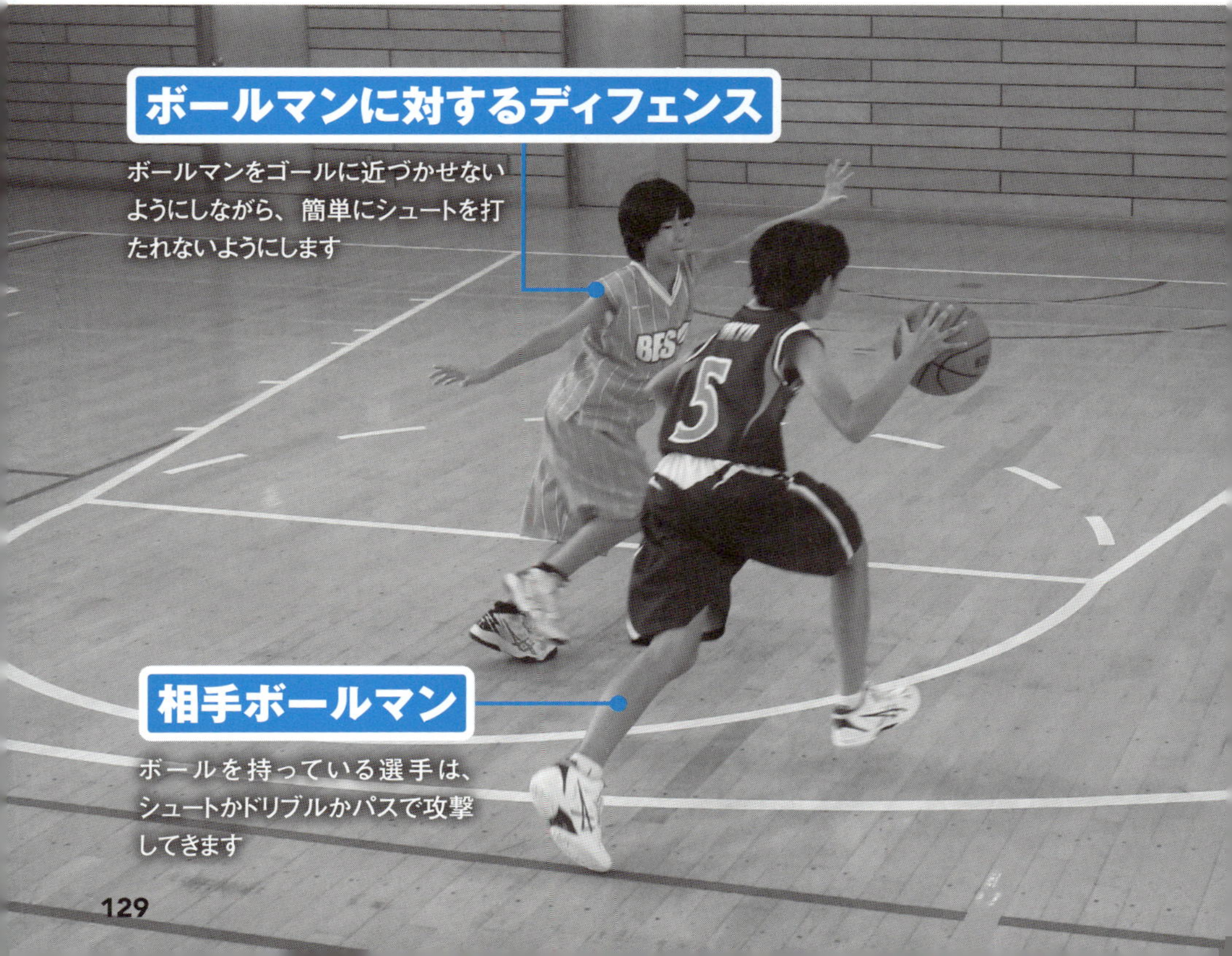

ボールマンに対するディフェンス

ボールマンをゴールに近づかせないようにしながら、簡単にシュートを打たれないようにします

相手ボールマン

ボールを持っている選手は、シュートかドリブルかパスで攻撃してきます

ディフェンスのかまえ方

ボールマンに対して①

ボールを持つ相手とのかけひきを上手に進めるために

攻撃してくる相手は、ディフェンスとの「間合い」を広くとってシュートチャンスをつくろうとします。したがってディフェンスとしては、相手に有利な間合いをつくらせないことがポイントとなります。

そこで、ボールを持つ相手とのかけひきを上手に進めるために、ディフェンスの基本姿勢をおぼえましょう。この姿勢を大事にしてディフェンスのフットワークなどをおぼえることによって、相手のシュート、ドリブルそしてパスなどを止められるディフェンス力が身につきます。

ただしディフェンスする場所によって、間合いの取り方は変わってきます。まだ相手コートであれば、腕2本分の間合い「ツーアーム」で、鼻をボールへ向けて抜かれないことが最優先です（14ページ）。

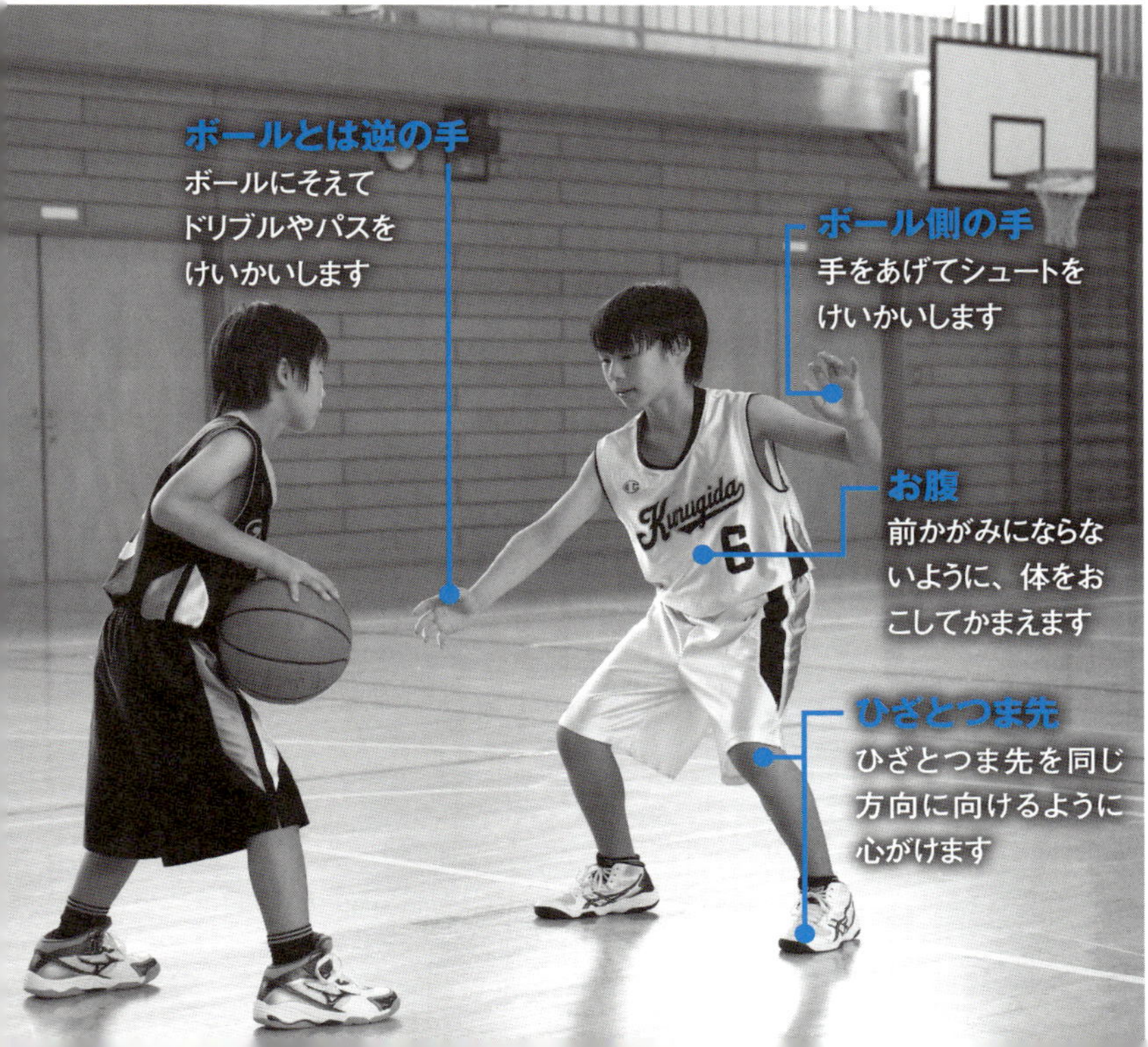
ボールとは逆の手
ボールにそえて
ドリブルやパスを
けいかいします
ボール側の手
手をあげてシュートを
けいかいします
お腹
前かがみにならな
いように、体をお
こしてかまえます
ひざとつま先
ひざとつま先を同じ
方向に向けるように
心がけます

しかしシュートをねらわれるエリアでは、腕1本分の間合い「ワンアーム」が基本です。とくに現在のルールでは、ボールマン（ボールを持つ選手）に対して、1メートル50センチ以内まで近づいてディフェンスすることが決められています（204ページ）。

ポイント

低い姿勢で動き出せるように

ディフェンスでは低い姿勢をたもつことが基本です。これを「ステイ・ロー」と言います。この姿勢から、相手の動きに反応して動き出し、方向転換できるようにすることが大事です。試合時間とともに疲れてくると、ステイ・ローの姿勢をたもつのが難しく、姿勢が高くなりがちです。そこをふんばって基本姿勢を維持できるように挑戦してみてください。そして相手ボールマンと自分のゴールとを結んだライン上にポジションをとることを意識しましょう。

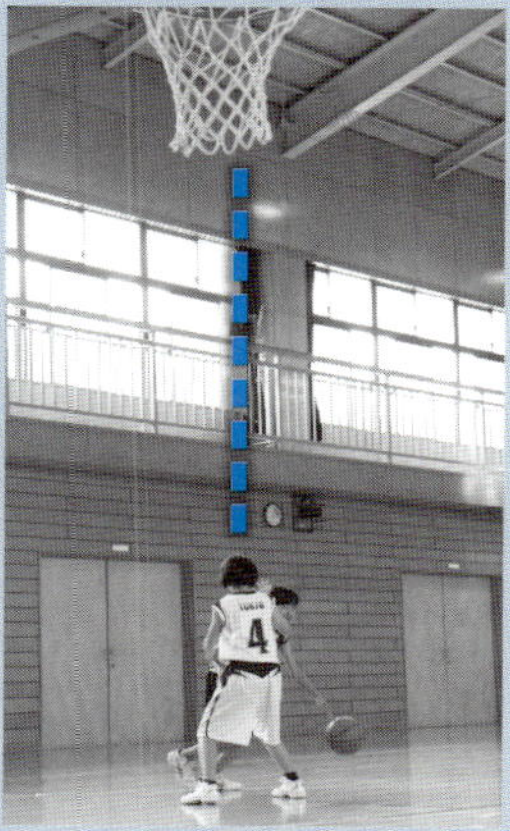

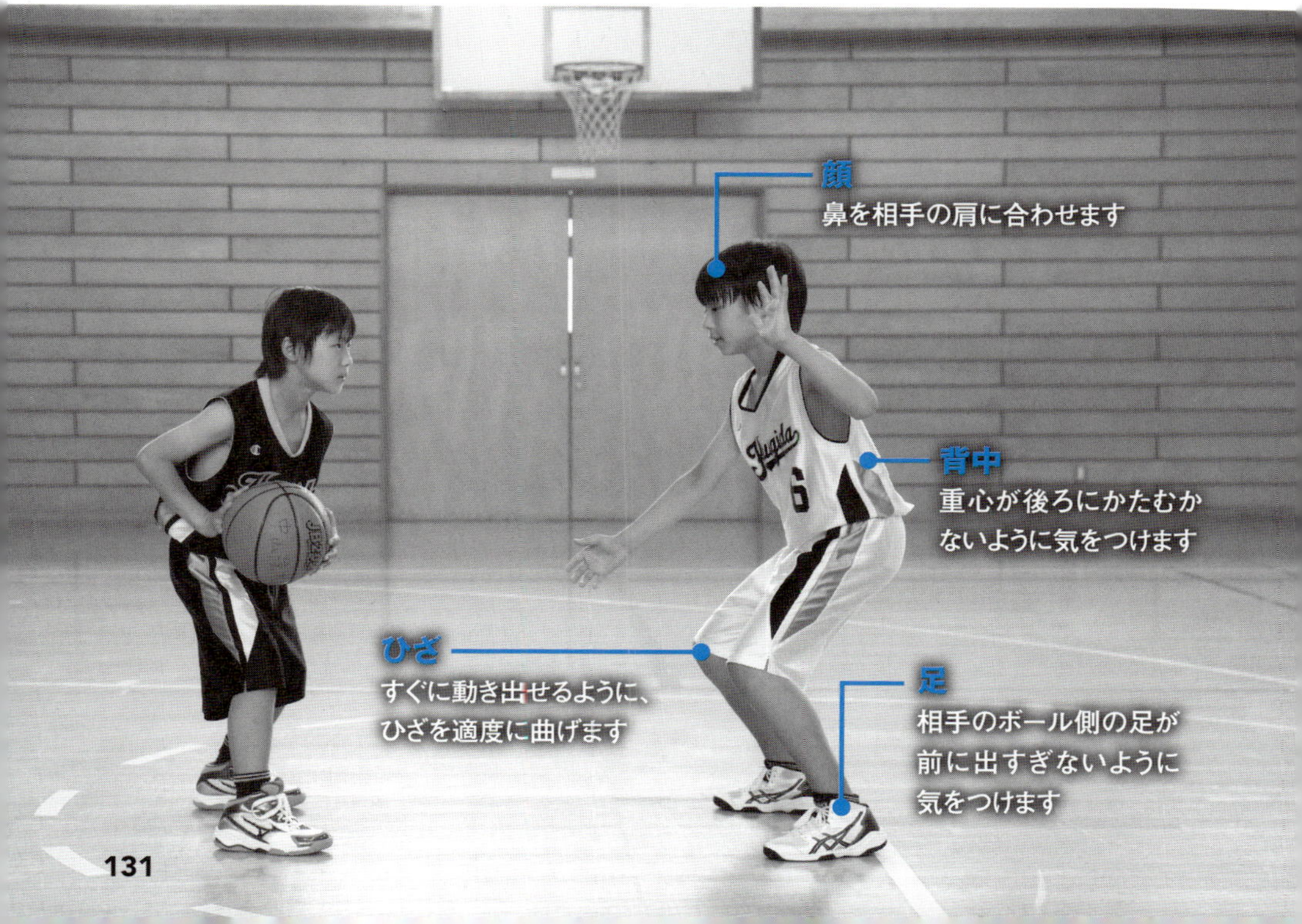
顔
鼻を相手の肩に合わせます
背中
重心が後ろにかたむかないように気をつけます
ひざ
すぐに動き出せるように、ひざを適度に曲げます
足
相手のボール側の足が前に出すぎないように気をつけます

ステップステップ

細かくステップをふんで方向転換に対応する

ボールマンが動き出したら、ゴール方向に進ませないようにディフェンスします。相手にシュートチャンスをつくられないような間合いをとるわけです。

その時のステップのふみ方として「スライドステップ」という基本があります。フロアを強くけって横方向に進むステップです。これが使える時もありますが、それよりも前におぼえてほしいのが、より細かくステップをふんでボールマンについていく「ステップステップ」というフットワークです。

このステップのとくちょうは、細かくステップをふむ分、ボールマンが方向転換した瞬間に対応しやすいということです。

ドリブルで抜かれいくらいの間合いをとります

ボールマンの進む方向の足でステップをふみながら、逆の足でフロアをけります

両足が閉じないように注意します

わるい

両足がくっついて姿勢が高くなると、ボールマンに方向転換されて抜かれてしまいます

ポイント

両足をくっつけず、体を上下動させないように

ディフェンスにとってボールマンとの間合いは、相手コートであれば腕2本分の間合い「ツーアーム」で、シュートをねらわれるエリアでは腕１本分の間合い「ワンアーム」です。が、相手が方向転換した瞬間に、この間合いがくずれやすいです。足をすばやく動かすのに加え、手も大きくふってステップステップの方向を変えて引き離されないようについていってください。ポイントは両足をくっつけず、体を上下動させないことです。両足がくっついて姿勢が高くなっているすきにボールマンに抜かれてしまうからです。

相手がドリブルで進んでも体の中心でまもります

ディフェンスのかまえをとり、相手に攻撃の時間を使わせます

ドリブルで進む方向を変えてもステップステップでついていきます

クロスステップ

ボールマンのスピードに追いつく

132ページのステップステップには、トップスピードでドリブルする相手についていきにくい、というとくちょうがあります。そこでボールマンがドリブルのスピードをあげて、ついていけそうにない時には、走るようなステップで追いつくことを最優先にします。これを「クロスステップ」と言います。

ドリブルするボールマンから目を離さないようにしながら走り、相手のドリブルのコースにまずは入ります。そうして相手に追いつ

ボールマンのドリブルに対して、ディフェンスがステップステップで対応します

ドリブルのスピードをあげるボールマンについていくため、クロスステップをふみます

ボールマンから目を離さないようにします

いてスピードを止められたら、ステップステップに切りかえて対応しましょう。

チェック

ディフェンスに関するいろいろな考え方

ディフェンスにはいろいろな考え方があります。小学生のように体力がそなわっていない選手は、ステップステップのようなフットワークを意識するよりクロスステップがメインでもいい、と考えるコーチもいます。また、クロスステップを行う時、ボールマンを見ないでとにかく追いつくことだけを最優先にするという考え方もあります。どれも間違いではありません。いろいろなディフェンスをためして、自分に合ったものを取り入れましょう。

がんばって走りボールマンに追いつきます

ボールマンのドリブルのコースに入って、スピードを止めます

ボールマンのスピードが落ちたら、ステップステップにもどします

スティール

相手がミスしたタイミング！

攻撃側の選手が持つボールを取ることを「スティール」と言います。スティールを成功することによって、自分たちの攻撃回数を増やすことができるだけに、ねらいたいプレーです。

しかしながら、スティールばかりをねらいすぎるとボールマンにかわされて抜かれたり、ファウルにつながる危険性もあります。そこでいつでもスティールをねらうのではなく、相手がミスしたタイミングなどをのがさず、スティールをねらうようにしましょう。

ボール側ではない手でスティール

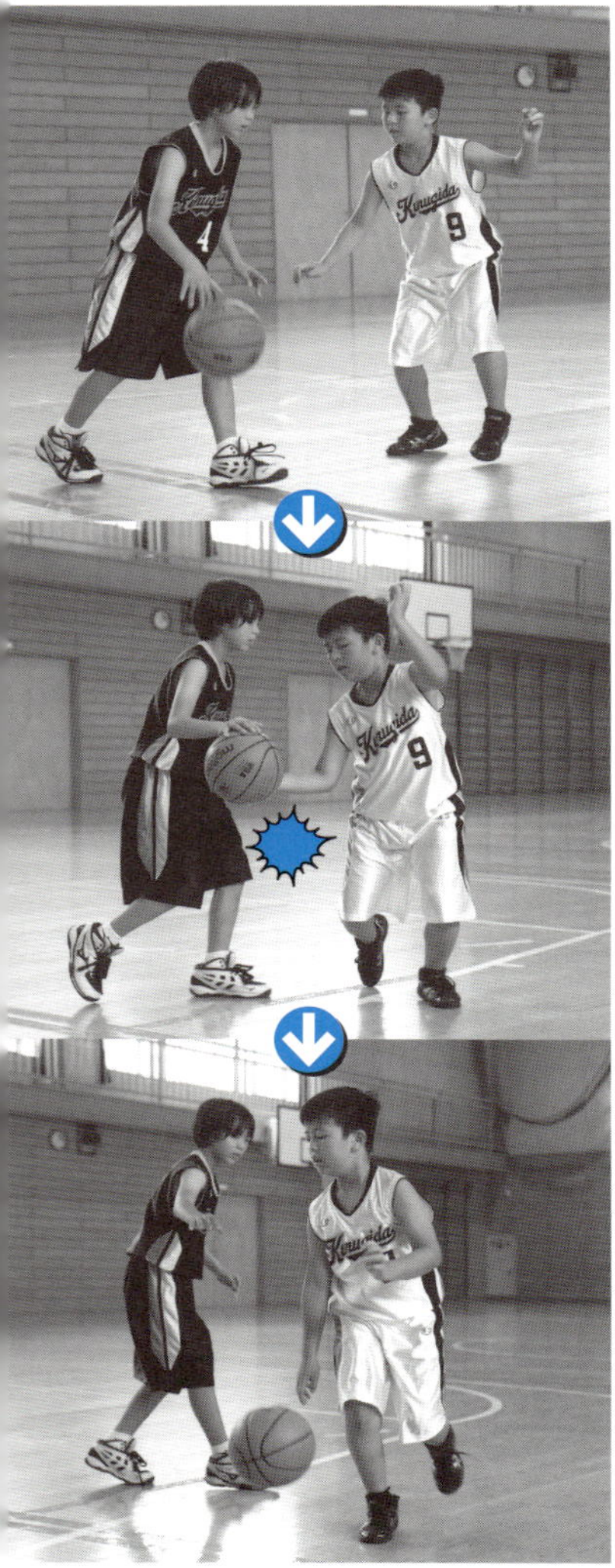

ボールマンの手にボールがもどってきたところをねらって、ボール側ではない（右）手でスティールしています。相手の体に触らないように気をつけてください

ポイント

ボール運びに時間をかけさせる

スティールをねらうタイミングのひとつが、ボール運びの時です。自陣から敵陣へと向かってボールを運ぶ相手にプレッシャーをかけて、スティールをねらうのです。たとえボールを取ることができなくても、相手に攻撃の時間を使わせているだけで、ディフェンスとしては成功です。そのディフェンスで攻撃のリズムがくずれてくるからです。

ターンした時にスティール

スティールするチャンスとしておぼえておいてほしいのが、相手がバックターン（30 ページ）やロールターン（32 ページ）をした時です。ボールマンがふり向いた瞬間、スティールする感覚をつかんでください

ボール側の手でスティール

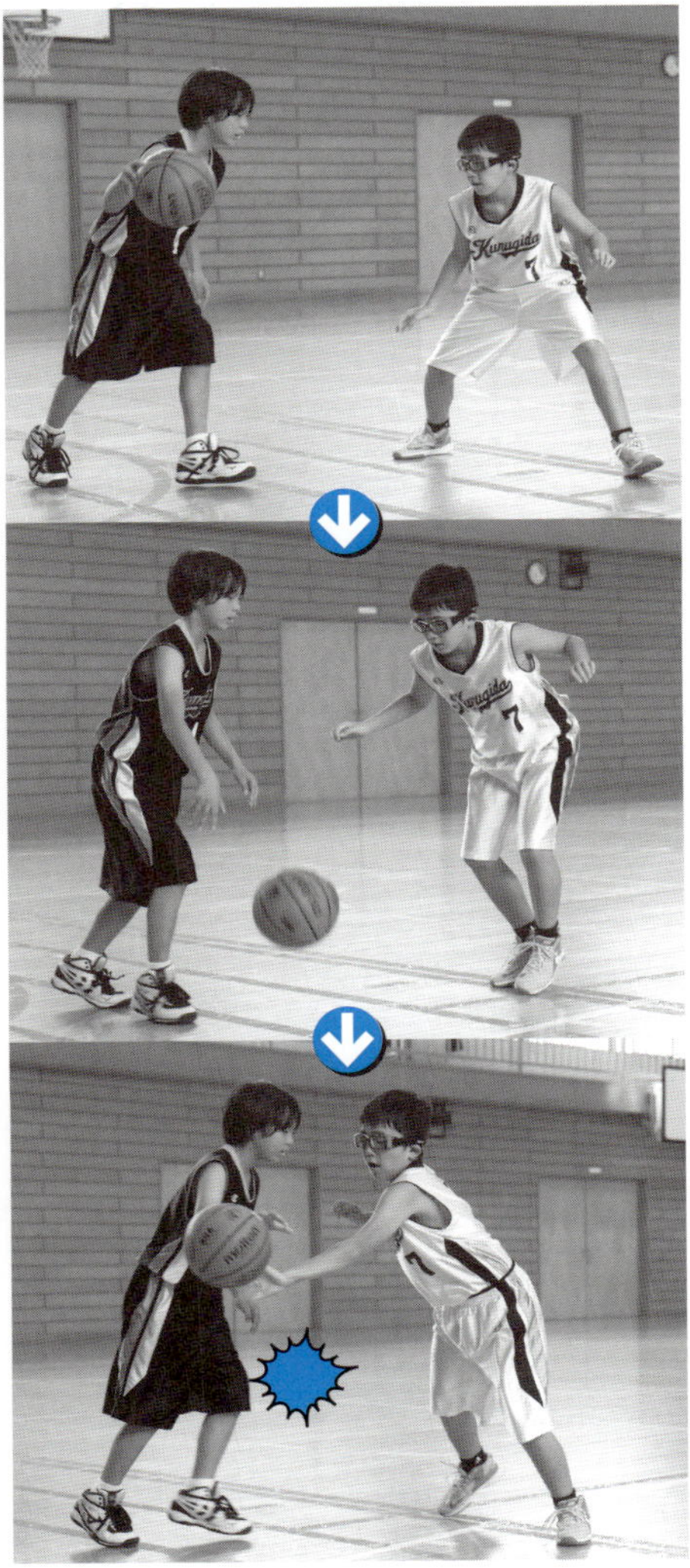

ボールがフロアからあがってくるタイミングで、ボールマンがドリブルで進む側の（左）手でスティールしています。体がぶつからないように注意してスティールしましょう

相手がドリブルを止めた時の対応

間合いをつめて相手の軸足を両足ではさむ

ボールマンがドリブルを止めたら、残されているプレーはシュートかパスだけです。そこでシュートを打てない悪いバランスに相手を追いこみ、無理な体勢からパスを出させます。そのパスをディフェンス全員でねらうのです。

または相手にパスを出させず、5秒間ずっとボールを持たせられれば反則となり、自分たちのボールにすることができます。

大事なことは、ボールマンがドリブルを止めた時に、間合いをつめて相手の軸足を両足ではさむこと。そのようにディフェンスすることによって、相手の重心はゴールとは逆方向にかたむき、攻撃できない体勢となります。

相手の足が下がったらボールマンの軸足（写真では左足）を両足ではさんで、重心を後ろにかたむかせます

ステップステップでしつこくディフェンスします

ポイント

まわりはパスミスをねらう

ドリブルを止めた相手にプレッシャーをかけた瞬間、まわりの４人もマークを強めます。それによってボールマンはパスを出すところがなくなってしまうのです。１人だけでディフェンスをがんばるのではなく、５人が協力して相手のチームを苦しめましょう。

相手がドリブルを止めた瞬間、間合いを一気につめます

自由に動かせる（右）足を止めて、シュートやパスをさせないようにします

シュートブロック

相手のシュートを打ちにくくさせる

たとえボールを持つ相手がシュートの動作に入っても、ディフェンスとしてはやるべきことがあります。それは相手にシュートを打ちづらくさせることです。

自分がシュートを打つ時、ディフェンスに手をあげられたら打ちづらいですよね？　そういうディフェンスをボールマンに対して行うわけです。

とくに相手のボールに手を持っていき、シュートをブロックするプレーを「シュートブロック」または「ブロックショット」と言います。相手のボールに触ってはじき、自分たちのボールにするのが理想ですが、相手にシュートを打ちづらくさせるだけでも成功です。ただしファウルにならないように行いましょう。

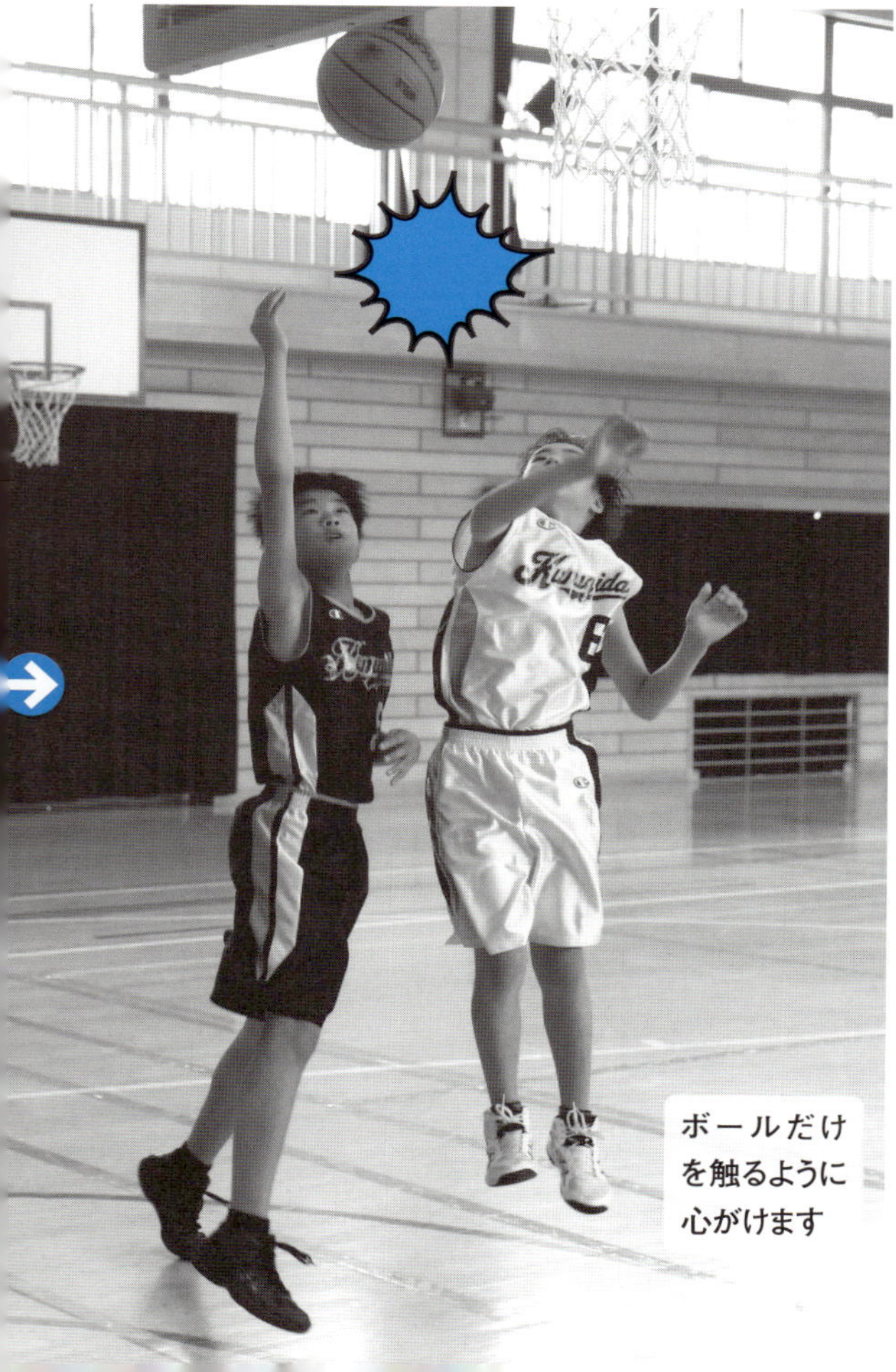

ボールだけを触るように心がけます

チェック

シュートフェイクに引っかからない

ディフェンスとして気をつけたいのは、相手ボールマンのシュートフェイクです。相手がまだジャンプしていないのに、先にジャンプしてシュートブロックの体勢に入ると、相手はゴール方向にステップをふんで簡単にシュートを決めてしまいます。シュートに持ちこむボールマンの動きを冷静によく見てブロックにいくか判断しましょう。そしてボールに触れなくても、相手にシュートを打ちづらくさせるだけでも成功であることを忘れないようにしましょう。

ボールマンに対して、ディフェンスがステップステップで対応します

× わるい

相手の体に触ってファウルにならないように注意してください。ファウルになると、相手にフリースローのチャンスをあたえてしまいます

シュート体勢に入るボールマンに対して、ディフェンスも手をあげます

ジャンプするボールマンに対し、ディフェンスが手をのばしていきます

ボールを持たない相手へのかまえ方

クローズスタンス

ボールと、自分がマークする相手の手を結んだラインに手をかざして、パスがわたらないようにディフェンスします。あげている手のほうの肩に自分の顔をのせるようにして、ボールと相手の動きを両方見るように心がけましょう。

クローズスタンスとオープンスタンス

ボールを持つ相手に対してだけでなく、ボールを持たない相手に対しても、しっかりとディフェンスしなくてはいけません。とくにボールを持つ相手のすぐ近くにいる選手にはパスがわたりやすいので、パスコースをおさえておくことが大切です。

写真を見てください。右の写真は、相手にパスがわたらないようにパスコースに手をかざしています。このようなディフェンスを「ディナイ」と言い、ポジションのとり方として「クローズスタンス」とも呼ばれています。

オープンスタンス

両方の腕をあげてボールと、自分がマークする相手を指させるように、体を開いてかまえます。両方にピストルを向けるようなかっこうであることから「ピストルスタンス」とも呼ばれています。

そして左の写真は、ボールマンの動きにすぐに反応できるように体を開いています。このようなポジションのとり方は「オープンスタンス」と言います。

チェック

ディフェンスのねらいによって使い分ける

これら2つのスタンスにはそれぞれ、とくちょうがあります。（右の写真の）クローズスタンスのディナイは、マークする相手にパスがわたりにくいですが、ボールマンがドライブインした時、対応しにくいです。逆に（左の写真の）オープンスタンスはドライブインに対して、すぐに反応できますが、マークする相手にパスがわたりやすくなります。ドライブインをさせないのか、パスをわたらせないのか、ディフェンスのねらいによって使い分けるわけです。

ディナイからのインターセプト

相手のパスをよんでカットする

ディフェンスで大事なのは、体を動かすことだけではありません。頭で考えて相手の攻撃をよむことがとても大切です。そして実際に相手の攻撃の流れがわかると、パスをカットできる場合があります。これを「インターセプト」と言います。

攻撃側にとってパスは、ボールマンの手から完全にボールが離れるだけに、ミスがおこりやすいプレーなのです。逆にディフェンスにとっては、ボールを取る絶好のタイミングということになります。

このインターセプトは、ボールマンのディフェンスだけでなく、ほか4人のディフェンスのほうがねらいやすいということもおぼえておきましょう。

2人のディフェンスが攻撃に対応します

✕ わるい

パスコースに手ではなく、体ごと入れると、相手にゴール方向に走りこまれてパスがわたってしまいます。そのようなディナイでは、確率の高いシュートを決められるので気をつけてください

チェック

パスフェイクに引っかからないように気をつける

攻撃側はパスするそぶりを見せて、ディフェンスに揺さぶりをかけてくることがあります。パスが出ていないのに、ディフェンスがインターセプトをねらおうと動き出すと、攻撃側はそのすきに別の方法でシュートまで持っていこうとします。したがってボールマンが確実にボールを手離すことを確認してインターセプトをねらいましょう。

相手がゴール方向に動いてもディナイを続けます

ステップステップで相手の動きについていきます

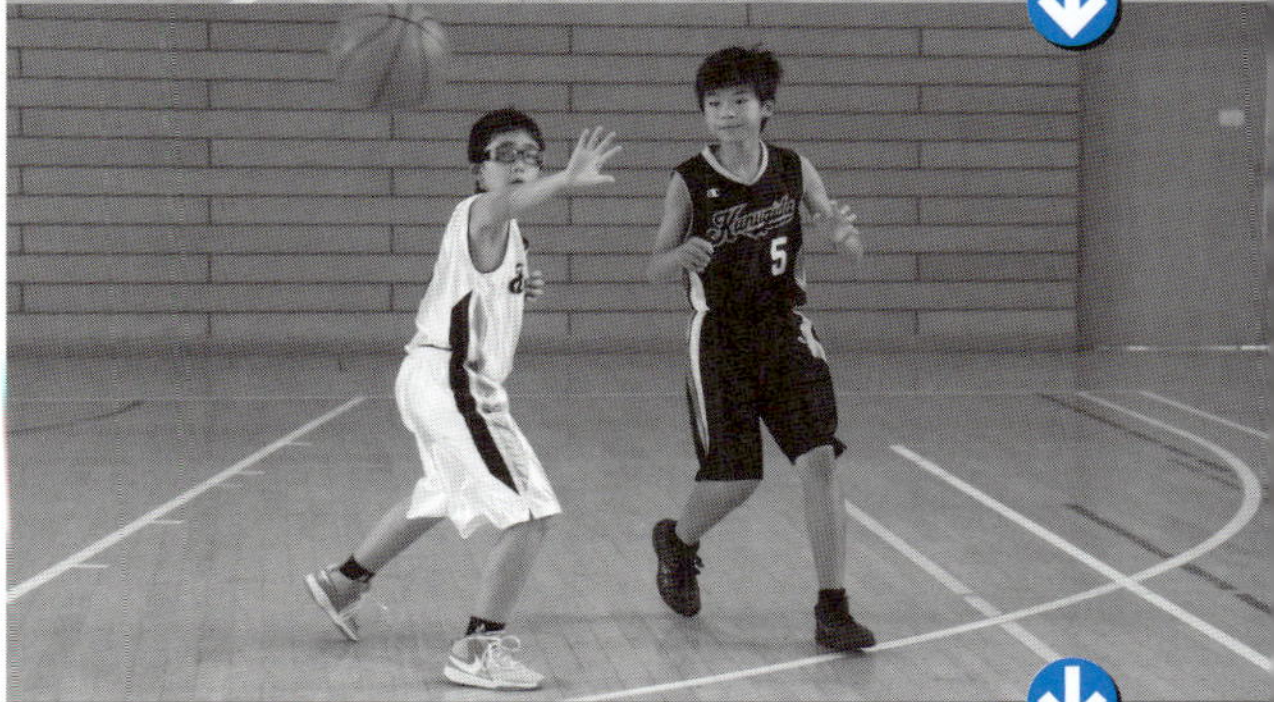

手にボールがあたるように、パスコースに手を持っていきます

ディナイする手でボールをはじきます

マークする相手が逆サイドに動く時

トップからのパスを 45 度でもらわせないようにディナイします

ポイント

ボールを見ているすきにマークをはずされないように

接触プレーを上手に行うことがポイントです。なぜならボールの位置を確認しているすきに、相手にマークをはずされやすいからです。ディナイの時には、パスコースにかざしているのとは逆の腕を曲げて相手とのクッションのように使います。そしてゴール下ではお尻や背中で接触します。いずれの場合でもディフェンスが一方的におすようなかっこうだと、ファウルになるので気をつけてください。

ゴール下では背中やお尻を相手にあてて動きをはあく

ディフェンスにディナイされてパスを受けられない相手は、ゴール方向に動いてパスを受けようとしたり、そのまま逆サイドに動いてマークをはずそうとします。

そのような相手に対してもしつこくディナイして、パスを受けさせないようにディフェンスします。そうして攻撃のリズムをくずすのです。

ただし注意することがあります。それはボールマンが（写真のように）トップにいる時に、ゴール下を走る相手のほうに体を向けると、ボールが見えにくくなることです。

そこでゴール下のエリアでは、自分の背

ゴールに近いエリアでは、ボールを見失わないようにオープンスタンスになります

ゴールの方向に走る相手の動きをはあくします

相手についていきパスをもらわせないようにします

逆サイドでもディナイします

中やお尻を相手にあてて動きをはあくし、ボールから目を離さないようにします。つまり「オープンスタンス（１４３ページ）」の体勢でまもって、相手がゴールから離れたら「クローズスタンス（１４２ページ）」のディナイにもどるのです。

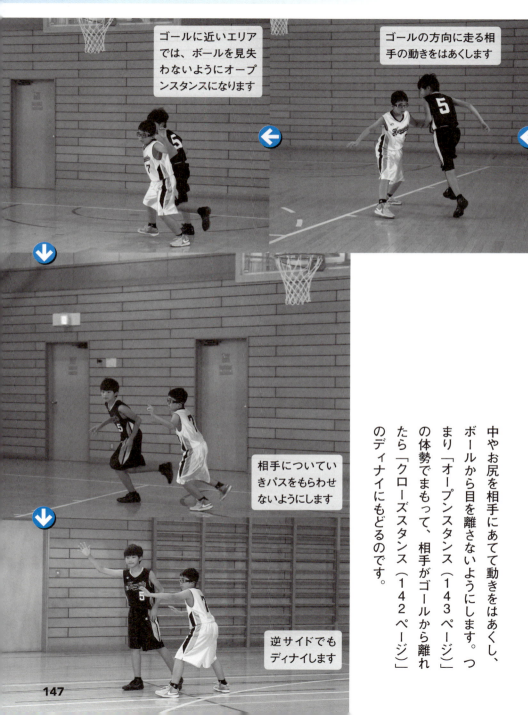

チームメートが相手にドリブルで抜かれた!

1対1では勝てない相手にチームとして戦う

ボールマンに対してディフェンスは、1人でまもれるのが理想です。でもボールマンが速かったり上手な選手の場合、ドリブルで抜かれてしまう時もあります。

そういう時には、まわりのディフェンスが抜かれた選手を助けてあげましょう。このようなディフェンスを「ヘルプ」と言います。「ヘルプ」とは英語で、「助ける」という意味です。

このヘルプディフェンスをおぼえることによって、1対1で

アレンジ

高さやスピードをヘルプでカバーする

ドリブルでディフェンスが抜かれた時だけでなく、大きな相手に対してもヘルプディフェンスで戦うことができます。ゴール下の大きな相手にパスが入った時、相手より小さい選手が1人でまもるのは難しいので、2人がかりで相手にシュートを打たせないようにするのです。そのような時にヘルプする選手が「ヘルプ!」って声を出してあげると、チーム全員がディフェンスしやすくなります。

2人がかりでディフェンスします

は勝てない相手にも、チームとして戦うことができるわけです。

ただし、現在のルールではヘルプするタイミングをまちがえると反則になります。そうした「マンツーマンディフェンス」のルールについては、204ページで説明します。

45 度で 1 対 1
の状況です
5

ボールマンにディフェ
ンスが抜かれます
6
5

ほかのディフェンス
がヘルプします
6
5

ボールマンを
ゴールに近づ
かせません
5

マークしていない相手にパスされそう…

マークを変えると身長差のある相手と1対1になる時もある

前ページのように、ヘルプディフェンスすると、ボールマンに対して2人のディフェンスがマークするかっこうになります。つまりほかの攻撃がマークされていないということです。その選手にパスが出されないように、ヘルプしたディフェンスが自分の相手にもどるのが基本です。

でも試合状況によっては、マークする相手を交換しなくては間に合わないこともあります。これを「スイッチ」と言います。つまり、ドリブルで抜かれた選手が動いて、ヘルプしてくれているディフェンスの相手をマークするということです。

でも、このスイッチを行うと、身長差のある相手との1対1になることもあるので、スイッチするか正しく判断することが大切です。

チェック

高さのミスマッチとスピードのミスマッチ

マークする相手をスイッチした後など、相手と身長差があることを「ミスマッチ」と言います。すぐに思いうかべるのは、小さいディフェンスが大きな相手をマークするシーンかもしれません。でもそうした「高さのミスマッチ」だけでなく「スピードのミスマッチ」もあります。小さいボールマンに対して大きな選手がマークすると、スピードで抜かれやすくなる時もあるのです。

マークをスイッチする

ドリブルで抜かれたディフェンスが動いて、ヘルプしてくれているディフェンスの相手をマークします

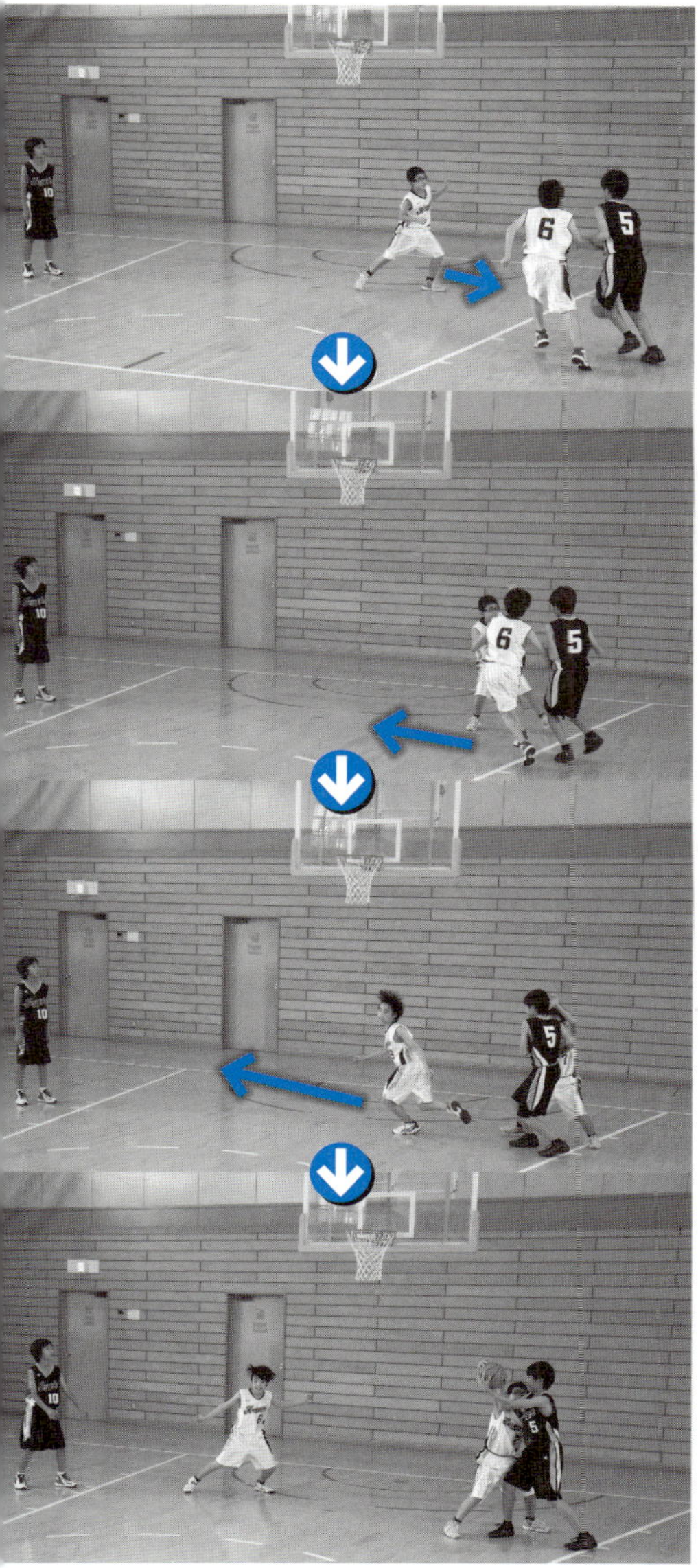

自分のマークにもどる

ヘルプしたディフェンスが、ボールマンのドリブルを止めた後、すぐに自分の相手にもどってパスされないようにします

楽しい練習でディフェンスがうまくなりたい！

ワンアームの追いかけっこ

ボールを使う攻撃の練習は好きだけど、ディフェンスは…、という選手が多いです。実際にディフェンスをおぼえるのは大変です。でも試合で勝つためには必要な技術なので、この章で紹介したようなディフェンスができるようにがんばってください。

ディフェンスの間合いの感覚がつかめる楽しい練習があるので紹介しましょう。それは腕1本分の間合い「ワンアーム」でついていく追いかけっこです。

2人1組で行い、前を走る選手は方向やスピードを変えます。後ろの選手はそれにおいていかれないように「ワンアーム」でついていきます。チーム練習や試合のウォーミングアップとしても最適なので、ぜひ取り入れてみてください。

✕ わるい

後ろの選手はスピードの変化についていけるように、相手の動きをはあくすることに集中してください

アレンジ

実際のボール運びをイメージして行う

2人1組で、ボールを持たずに向かい合います。実際のボール運びをイメージして、1人の選手が相手のゴールへ走ります。もう1人の選手、つまりディフェンスはおいていかれないように、ステップステップ（132 ページ）やクロスステップ（134 ページ）でついていきます。ただし、試合ではずっと相手に触れているとファウルになるので注意してください。

チーム全員が、2人1組になって
ベースラインにならびます

前の選手は自由に動き、後ろの選手はワンアームの間合いでついていきます

前の選手は走る方向を変えたりします

走る方向が変わっても、後ろの選手はワンアームの間合いでついていきます

前の選手は走るスピードも変え、後ろの選手は引き離されないようについていきます

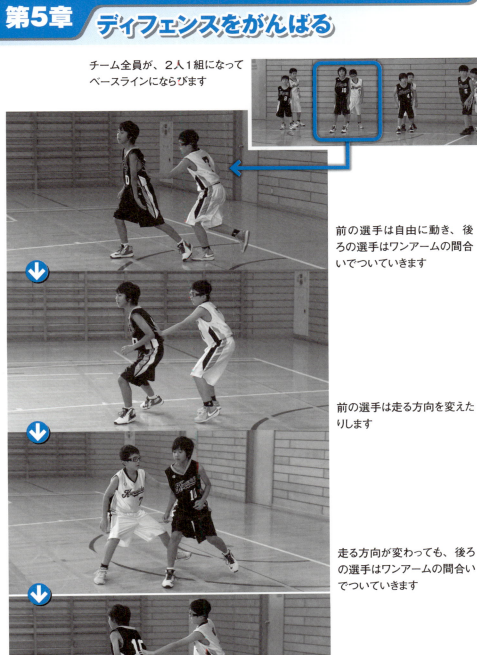

制するものが

第6章

リバウンドを
ゲームを制する

ディフェンスリバウンドとオフェンスリバウンド

シュートがはずれたボールを自分たちのものにする

試合のなかですべてのシュートが決まるということはありません。シュートがはずれる時が必ずあります。シュートがはずれたボールを自分たちのものにするプレーを「リバウンド」と言います。そのボールを自分たちのボールにできるかどうかで勝敗が決まってしまうこともあります。それだけにこう言われるのです。

「リバウンドを制するものがゲームを制する」と。

そのうちディフェンスが取るリバウンドは「ディフェンスリバウンド」で、攻撃側が取るリバウンドは「オフェンスリバウンド」となります。

攻撃側の選手がシュートを打ったら、「決まる」と思わないようにしましょう。ディフェンスも、攻撃側のチームメートも『はずれるかもしれないから、リバウンドをがんばる』という姿勢がとても大事です。

シュート!
でも
はずれるかも
しれない!!

ディフェンスとしては、相手に苦しいシュートを打たせて、その成果としてリバウンドを確実に取ることが求められます。

一方の攻撃側としては、リバウンドを取ることによって攻撃を続けられるばかりか、そのままシュートを決められることもあります。１本のリバウンドが勝敗を分けることがあるくらい、リバウンドは大事なプレーなのです。

チェック

リバウンドのボールが落ちる場所の目安

リバウンドを取るためには、ポジションを取ることが一番大切です。そのためにはシュートがはずれたらどこへ落ちるのか、場所を予測することも必要です。右の図の確率を目安にしてください。

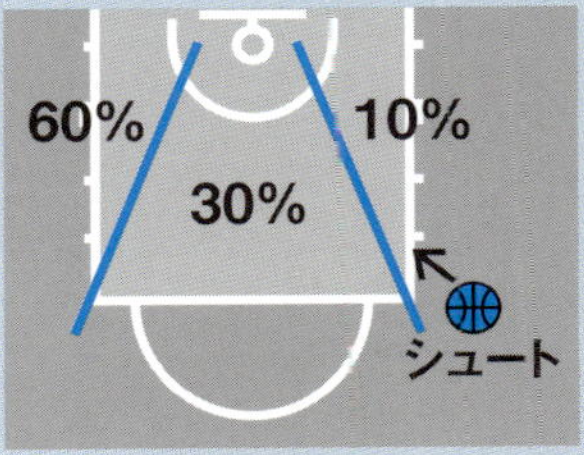
60%
30%
10%
シュート

シュートのボールがゴールやバックボードにぶつかった直後、相手より先にボールに触る気持ちを大事にしましょう。たとえ１度のジャンプでボールに触れなくても、着地した後、すぐにジャンプすること。そうしたねばりがリバウンドの強さにつながります。

触れない！
もう一度
ジャンプだ!!
はずれた！
先にボールに
触る!!

ボックスアウト

攻撃する相手をゴールに近づかせない

いいディフェンスをすることで、相手のシュートは決まりにくくなります。そのこぼれたボールをディフェンスが確実に取るために欠かせないのが「ボックスアウト」というプレーです。

「ボックス」とはゴール下の制限区域のことです。ボックスからアウトする、すなわち相手を制限区域に入れさせないという意味で、言いかえると「攻撃する相手をゴールに近づかせない」ということです。

そうしてボールが落下するタイミングでボールを見てリバウンドを取りましょう。たとえ自分がボールを取らなくても、チームメートがリバウンドを取れば、ボックスアウトの成功です。

シュートを打たれた時、マークする相手が離れていても、すぐに近づいていきます

体の前を通る相手に対して

相手が自分（ディフェンス）の体の前を通ってゴールに近づこうとしたら、相手のほうの足（写真では左足）を前に出してボックスアウトします

ポイント

マークする相手に対して体をぶつける

相手がシュートを打った後、リバウンドを取りたい、という思いを強く持つほどボールを見てしまうものです。でもディフェンスがボールを見ているすきに、マークする相手がリバウンドに飛びついてしまいます。そこで相手がシュートを打ったらボールを見るのではなく、とにかくマークする相手に対して体をぶつけること。そうして相手の動きを止めてからボールを見てください。

✕ わるい

背にしている相手に対して、両手でおさえるとファウルになるので気をつけましょう

大きな相手に対して

高さがあってリバウンドがとても強い相手に対しては、体の正面からぶつかる時間を長くして相手をゴールに近づかせないことを最優先にします

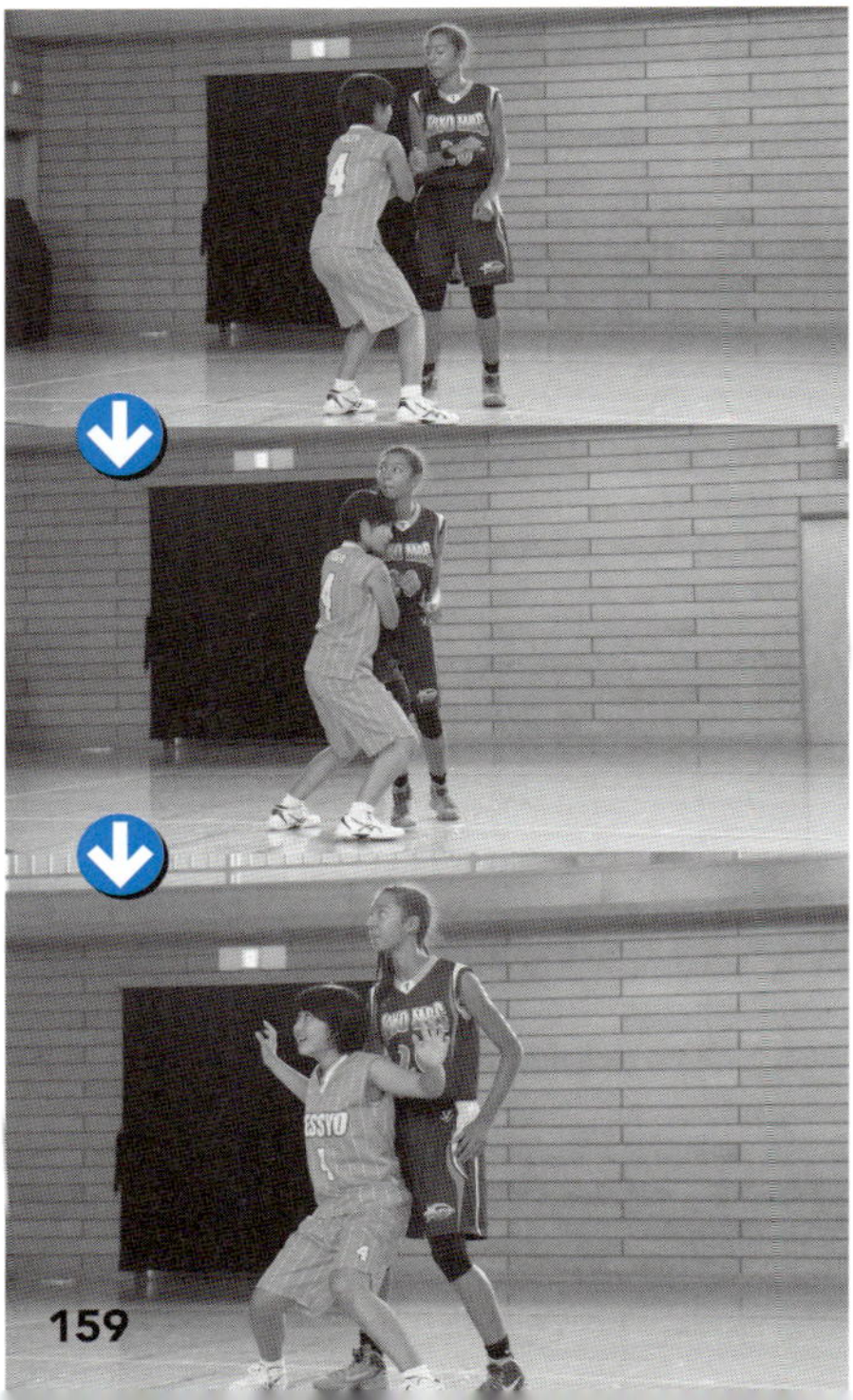

体の後ろを通る相手に対して

相手が自分（ディフェンス）の体の後ろを通ってゴールに近づこうとしたら、相手とは逆の足（写真では右足）を引くようにしてボックスアウトします

両手キャッチと片手キャッチ

相手より先にボールに触る

ボックスアウトの体勢から実際にリバウンドのボールをキャッチする時には、相手より先にボールに触ることが大切です。

ためしに、手を上にできるだけ高くのばしてみてください。両手を同時にあげるより、片手だけをのばしたほうが、高くあがるはずです。それは片手のほうが高いところまでとどくということで、リバウンドでも片手をボールに近づけてからキャッチするのが基本です。

ただしまわりにリバウンドをあらそう選手がいなければ両手でキャッチしたほうが確実です。また、片手でボールに触った後も、すばやく両手でキャッチできるようにボールを引きつけましょう。

相手がシュートを打ったため、ボックスアウトしてからジャンプします

ポイント

取れるかどうかわからなくてもジャンプする

このような練習では自分のところにボールが落ちてきますが、試合では自分のところに落ちてくるとはかぎりません。そうしたなかで相手より先にボールに触るには、取れるかどうかわからなくてもジャンプする強い気持ちが必要です。リバウンドは地道な努力ができるかどうかなのです。

片手キャッチ

できるだけはやくボールに触れるようにジャンプし、空中で体の前にボールを引きつけて両手でしっかりとつかみます

着地した瞬間、ボールを取ろうとする相手もいるのでしっかりとつかみます

両手キャッチ

相手がジャンプしていない時は両手で確実にキャッチします

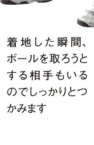

着地した時の姿勢とそこからの展開

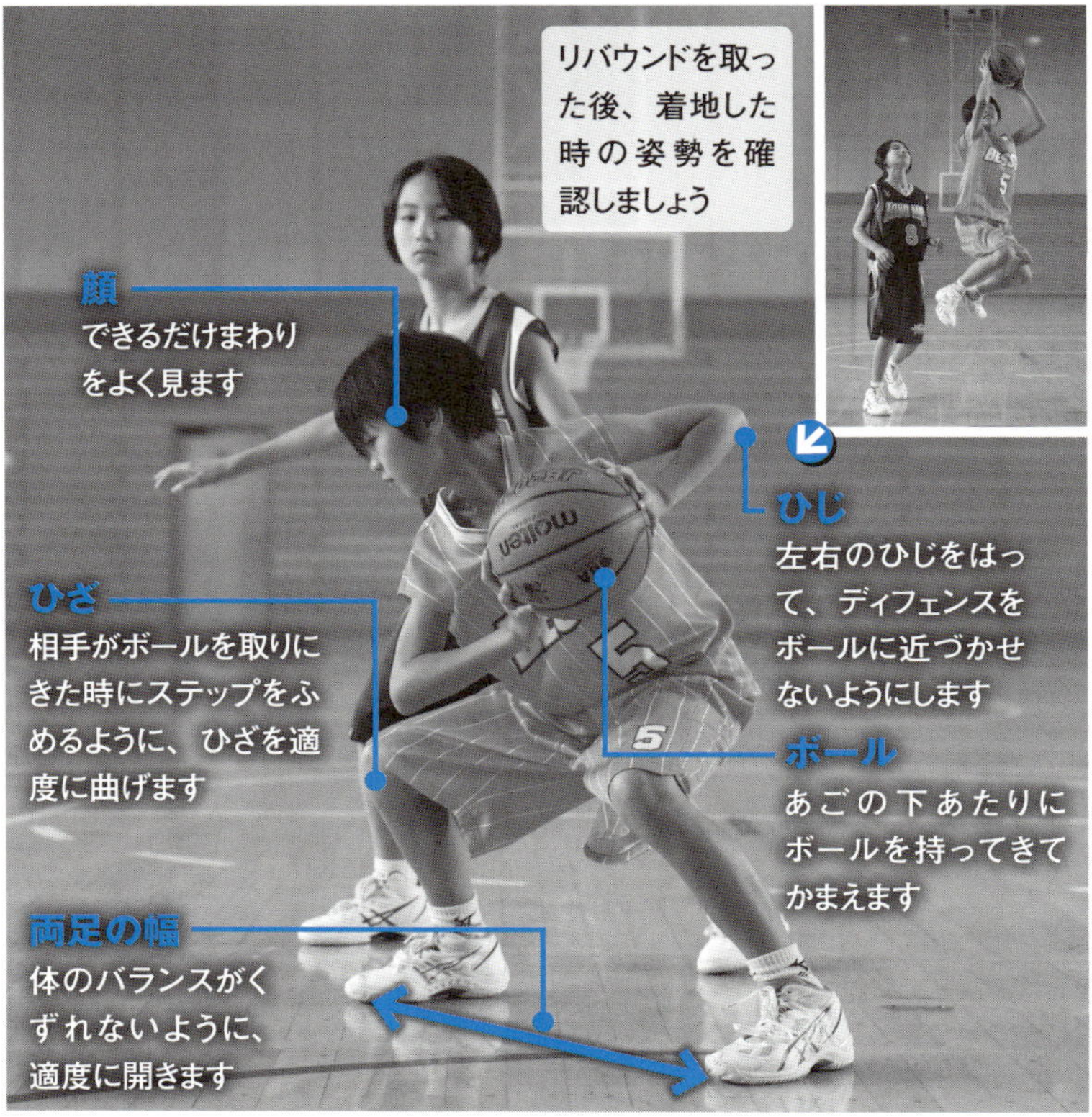
リバウンドを取った後、着地した時の姿勢を確認しましょう
顔
できるだけまわりをよく見ます
ひじ
左右のひじをはって、ディフェンスをボールに近づかせないようにします
ひざ
相手がボールを取りにきた時にステップをふめるように、ひざを適度に曲げます
ボール
あごの下あたりにボールを持ってきてかまえます
両足の幅
体のバランスがくずれないように、適度に開きます

着地した直後を相手はねらってくる

リバウンドのボールをキャッチして終わりではありません。しっかりと着地して攻撃へと転じます。ディフェンスから攻撃へと切りかえる時に注意しなければならないのが、スティールをねらっている相手です。

リバウンドでジャンプしている間、まわりを見ることが難しく、相手の選手が近づいてくるのに気づかないことがあります。しかも着地した時には体のバランスがくずれやすいだけに、その瞬間をねらって相手はスティールしようとするのです。

そこでしっかりとした姿勢で着地し、確実にパスやドリブルで攻撃につなげていきましょう。

パスでボールを運ぶ

パスを受けられる選手は、リバウンドを取ったチームメートに、「パス!」って声を出してあげましょう。パスを受ける時には、できるだけ相手コートに近づくことが理想です

ドリブルでボールを運ぶ

リバウンドを取った選手がドリブルで運べることで、速攻につながりやすくなることをおぼえておきましょう

ポイント

パスを出せなければ ドリブルで運ぶ

リバウンドを取って着地した時、まわりにチームメートがいたら確実にパスを出しましょう。そのパスも相手にインターセプトをねらわれているので、しんちょうに出すようにしてください。もし、相手にパスコースをおさえられてパスを出せない時には、自分でドリブルを使ってボールを運ぶのも手です。とくにリバウンドに強いセンターがドリブルでボールを運べると速攻につながりやすいです。

フェイクを使ってゴールに近づく

すばやく動きながら相手とかけひきする

ディフェンスにボックスアウトされると、攻撃はリバウンドをあきらめてしまいがちです。でも、ディフェンスよりも高さがあれば、ジャンプしてオフェンスリバウンドを取れることがありますし、たとえディフェンスのほうが大きくても、動き方をくふうすることによって、ボックスアウトしてくる相手をかわしてオフェンスリバウンドを取れることだってあります。

下の写真を見てください。右からゴールに近づくふりをして左から走りこみゴールに近づくことに成功しています。または165ページの写真の

左右のフェイク

右からゴールに近づくふりをしてボックスアウトをずらし、左からゴールに向かって走りこみます

ポイント

1つ1つのプレーが試合の流れを大きく変える

オフェンスリバウンドを取って、そのまま得点につなげた時の効果は大きいです。なぜならチームメートのシュートミスを帳消しにし、しかも得点が入るのです。 逆にオフェンスリバウンドを取られたディフェンスにとっては、ダメージが大きいです。 そうした1つ1つのプレーが試合の流れを大きく変えるきっかけになることをおぼえておきましょう。

ように、すばやくターンしながら相手とかけひきし、オフェンスリバウンドをねらう方法もあります。

ただし、ディフェンスのボックスアウトをはずせていないにもかかわらず、手だけをのばしてボールを取ろうとするとファウルになりやすいので、くれぐれも注意してください。

すばやいターン

ボックスアウトするディフェンスを回転軸にして、すばやくターンしながらゴールへと向かいます

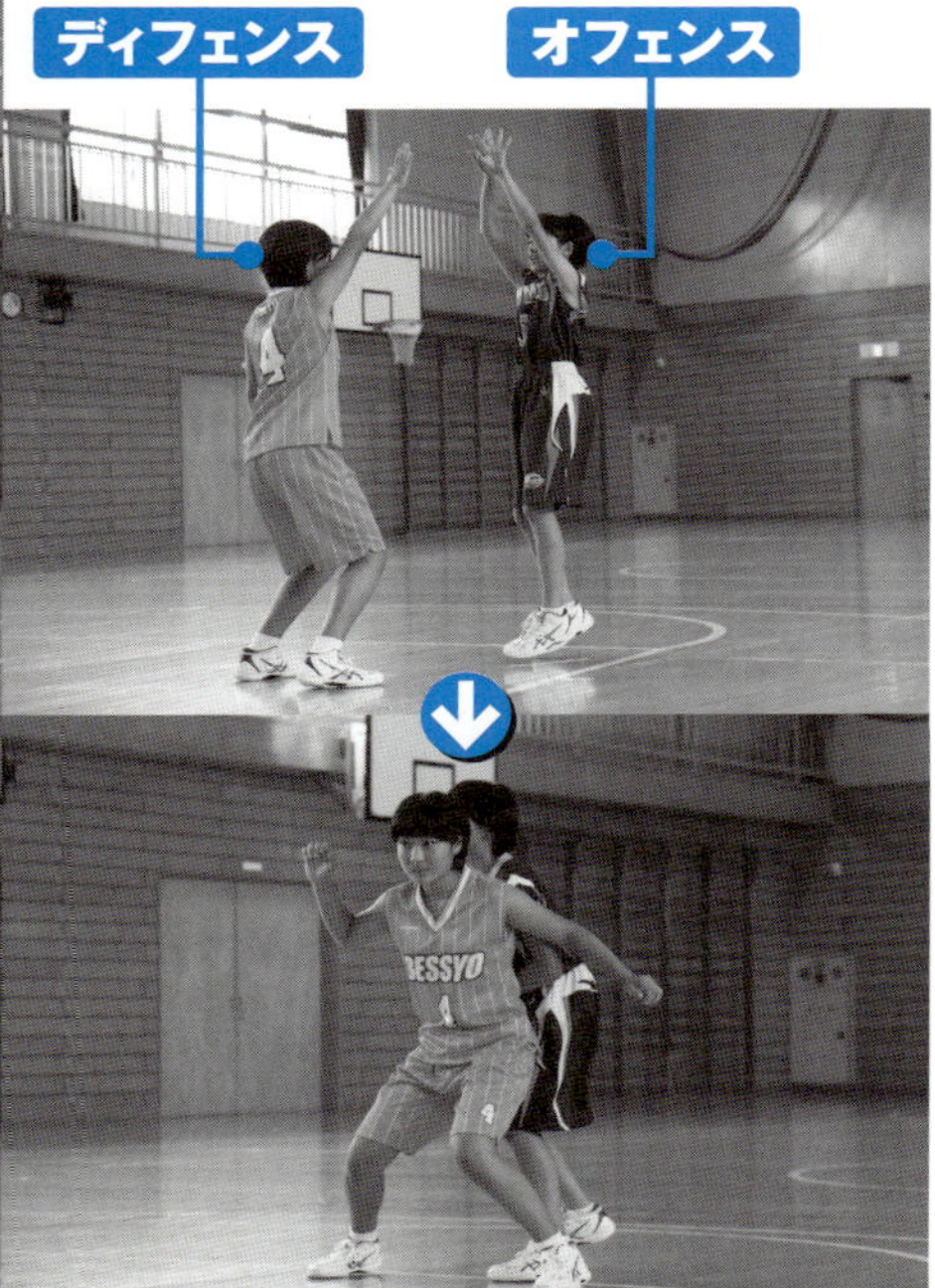

相手の持つボールをうばい取る

何度もジャンプする意識を持つ

ディフェンスが持つボールを、攻撃側の選手が後ろからうばい取る練習です。実際の試合でもこれと同じような状況はあるので、ぜひ行ってみてください。

ここで気をつけなくてはならないのはファウルしないことと、何度もねばり強くジャンプすることです。

相手と競り合いながら片手でボールに触っても、ボールをキャッチできるとはかぎりません。ボールをはじくかっこうになり、どちらのボールでもない状態がつづく時もあります。そういう場面で一度着地して取れなくて

1度のジャンプでうばい取る

ジャンプしてボールの下に片手を入れ、そのまま自分の体の前にボールを引きつけます。相手の体に触れるとファウルになりやすいので注意して行ってください

も、何度もジャンプする意識を持つことが大切です。ジャンプしてボールをはじき、すばやくまたジャンプしてボールをキャッチするわけです。

そうしたリバウンド力をこの練習でそなえることができます。

チェック

オフェンスリバウンドにからむかどうかの判断を正しく行う

たとえボールを取れなくても、オフェンスリバウンドにからむことは大切です。ディフェンスが楽にリバウンドを取るとボール運びもスムーズに行われ、速攻につながりやすいからです。ただし、全員がオフェンスリバウンドにからめばいいわけではありません。何人かが自分のコートにもどっておかないと、相手に簡単に得点されてしまいます。オフェンスリバウンドにからむかどうかの判断を正しく行うことが欠かせないわけです。

ボールをはじいてまたジャンプする

ジャンプしてボールを上にはじいてから着地。すかさず2度目のジャンプをしてボールをキャッチします。次に2度ボールをはじいてから、3度目のジャンプでキャッチするパターンも練習しましょう

リバウンドを得点につなげたい！

右手でボールをキャッチし、そのまま空中でバックボードにあてます

ジャンプします

両手でボールをバックボードにあてます

何度もジャンプする体力や気持ちを強くする

オフェンスリバウンドを取った後のシュート力をつける練習を紹介しましょう。

ゴール下でボールを持ち、バックボードにボールをあてて、はね返ってくるボールを空中でキャッチし、着地する前にバックボードにまたあてます。それを右手―左手―両手の順に2度ずつ行った後、シュートを決めて終わりです。

この練習で何度も連続ジャンプする体力や体幹をきたえることができます。たとえ疲れてきても集中力を切らさず、シュートを決められるようになりましょう。

着地してからまたジャンプします

左手でボールをキャッチし、そのまま空中でバックボードにあてます

着地してからまたジャンプします

両手でキャッチしてバックボードにあてて、右手ー左手ー両手と2度ずつ行った後、シュートで終わります

アレンジ

目の前に大きな相手がいることもイメージする

オフェンスリバウンドを取った後、シュートを打つ時、目の前に大きな相手がいることもイメージして練習しておきましょう。たとえば、シュートを打つそぶりを見せる「シュートフェイク」を使うことで、相手のブロックをかわすことができます。そこからさらにゴール方向に大きくステップをふむとシュートの確率がさらに高まります。そのようにリバウンドのがんばりを得点につなげていきましょう。

楽しくリバウンド練習をしたい!

反応能力を高めてキャッチする技術を

リバウンド力に必要な運動能力を高める、楽しい練習を紹介しましょう。

まずは2人のチームメートがボールを持ってそばに立ち、練習する選手が自分のボールをバックボードにあてます。そのボールがはね返ってくるまでにチームメートのボールをすばやく触ってから、自分のボールをキャッチします。

次に2人がそれぞれボールを持ち、3メートルくらい離れます。そして練習する選手が自分のボールをバックボードにあて、そのボールがはね返ってくるまでにチームメートとパス交換します。そうして自分のボールをキャッチします。

実際の試合でリバウンドを取るためには、高さがあれば有利ですし、リバウンドが落ちやすいところにポジションをとるうまさなども関わってきます。まずはこのような楽しい練習を通じて反応能力を高め、ボールをしっかりとキャッチする技術をそなえることから始めてみましょう。

アレンジ

ふだんのシュート練習でもリバウンド力を

このような運動能力を高める練習は「コーディネーションドリル」と言います。本書の基礎編でもこのようなドリルが多く紹介されているので、そちらも参考にしてみてください。またふだんのシュート練習でもリバウンド力を高めることはできます。チームメートのシュートがどういうはね返り方をするか見たり、はずれたボールは必ず、試合を意識してリバウンドを取るようにする。そうした積み重ねがリバウンド力につながるのです。

パス交換する

2人がそれぞれボールを持ち、3メートルくらい離れます

練習する選手が自分のボールをバックボードにあてます

チームメートからのパスを受けます

すぐにパスを返します

自分のボールをキャッチします

2人のボールにタッチする

2人のチームメートがボールを持ってそばに立ちます

練習する選手が自分のボールをバックボードにあてます

1人目のボールにタッチします

2人目のボールにタッチします

はね返ってきたボールをキャッチします

する

第7章

チームメートと協力して攻撃

「パスアンドラン」「合わせのプレー」「スクリーンプレー」

パスアンドラン

走りながらパス交換してシュートにつなげるチームプレーです

合わせのプレー

ほかのディフェンスを引きつけながらパスに転じてシュートチャンスをつくるチームプレーです

相手によまれない攻撃力をそなえる

戦う相手が強くなると、自分だけで攻撃することが難しくなってきます。それでも「1対1」で勝負をいどむ積極性は大事にしてもらいたいですが、いざという時にはチームメートと協力して攻撃する方法もあります。

いくつかある攻撃法のうち、まずおぼえてほしいのが、走りながらパスを受けてシュートにつなげる「パスアンドラン」です。走るスピードをいかせるだけに、小さい選手が得点するう

スクリーンプレー

1人の選手を壁として使いながらシュートチャンスをつくるプレーですが…

チェック

1対1でがんばることを最優先にしたうえでのチームプレーを!

小学生が行うミニバスケットボールは、体格差のある選手が一緒に試合に出ているため、無理な接触プレーはとても危険です。とくに「スクリーンプレー」では、スクリーンをかけている選手も、相手の選手もけががおこりやすいことを知っておいてください。また、スクリーンをかけることを自分の役割だと思っている選手がスクリーンをかけようとするあまり、体あたりしたり、足を出すシーンもよく目にします。そうしたことがないように正しくスクリーンプレーをおぼえること。スクリーンをかけるだけの選手をつくらないこと。そしてスクリーンプレーにたよらず、1対1でがんばることを最優先にしてください。

えでも武器になるチームプレーの基本です。

そしてドライブインに持ちこんだ時には、ほかのディフェンスを引きつけることができます。そこでパスに転じてシュートチャンスをつくるのが「合わせのプレー」です。

さらにもう1つが「スクリーンプレー」です。スクリーンとは、ディフェンスの動きをじゃまするために立つ攻撃側の選手のことです。その選手を壁として使いながらシュートチャンスをつくるプレーなのです。

少しずつ攻撃法を増やして武器としていきながら、相手ディフェンスに止められないような攻撃力をそなえましょう。

ボールサイドカット

ボールマンのいるほうから走りこむ基本プレー

この写真は、トップから45度にいるチームメートにパスを出してからゴールに向かって走りこむ「パスアンドドラン」の基本プレーです。パスを受けた選手がボールマン（ボールを持つ選手）となり、パスを出した選手が、ボールマンのいるほうから走りこむかっこうになることから「ボールサイドカット」と呼ばれています。

走りこむ選手は、パスを出した後、一度逆方向に進むふりをしてボールサイドに走りこむとディフェンスをふりきりやすくなります。

その選手にパスを出す選手は、走りこむタイミングに合わせやすいように、ボールをフロアにバウンドさせるパス「バウンドパス」を上手に使いましょう。

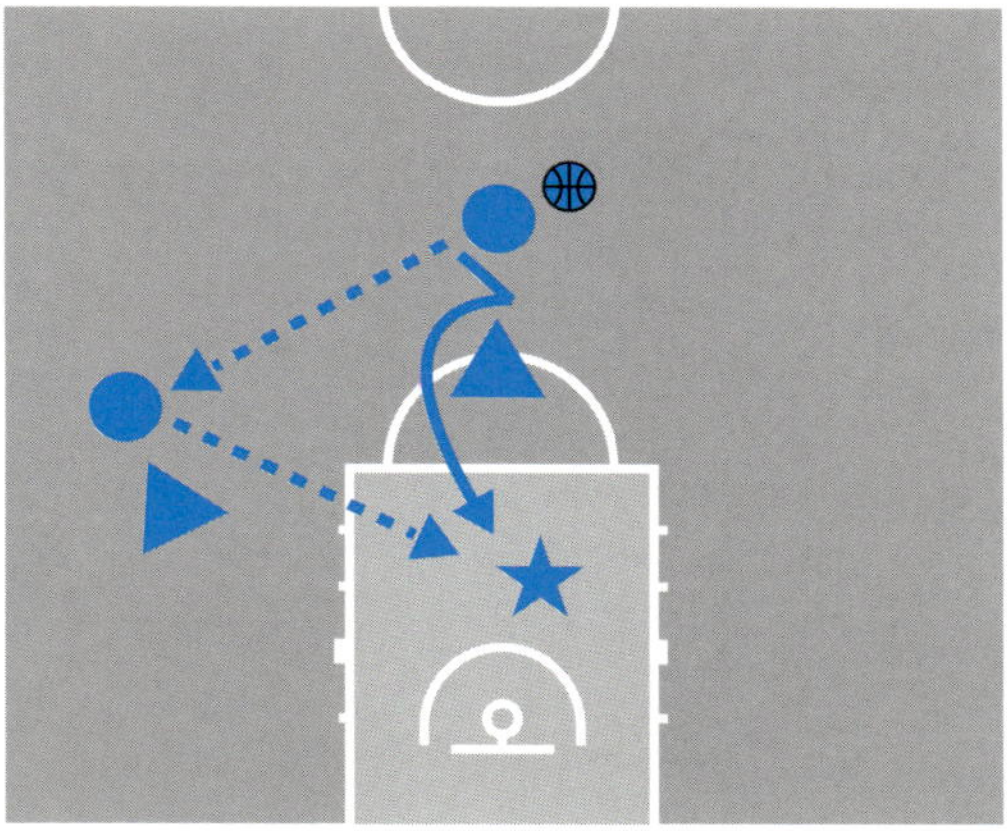

チェック

パスを出すのが難しい時には1対1に変える

2人で協力して攻撃することは大切ですが、1対1で攻める気持ちも忘れないでください。この写真で言うと、トップからのパスを45度で受けた選手はパスを出すのが難しい時もあります。そういう状況で無理にパスを出そうとするとミスにつながります。したがってパスアンドランだけをねらうのではなく、1対1に切りかえるのです。そしてゴールに向かって走りこんだ選手は、その1対1のじゃまにならないところにポジションをとってあげましょう。

一度逆方向に走る
そぶりを見せます

ディフェンスをふり
きってボールマンの
ほうから走りこみます

バウンドパス
を受けます

レイアップシュート
を確実に決めます

バックカット

ボールサイドに走りこむふりをして逆側から走る

176ページのボールサイドカットで得点すると、相手ディフェンスはその動きをけいかいして、走りこむコースをおさえてきます。そこで今度は、ボールサイドに走りこむふりをして逆側からゴールへと向かいます。相手の後ろをつくかっこうになるこの走りこみ方は「バックカット」と言います。

このバックカットを相手ディフェンスがおさえてきたらボールサイドカットをねらうというように、2つのパスアンドランを使い分けると、相手をこまらせることができるはずです。

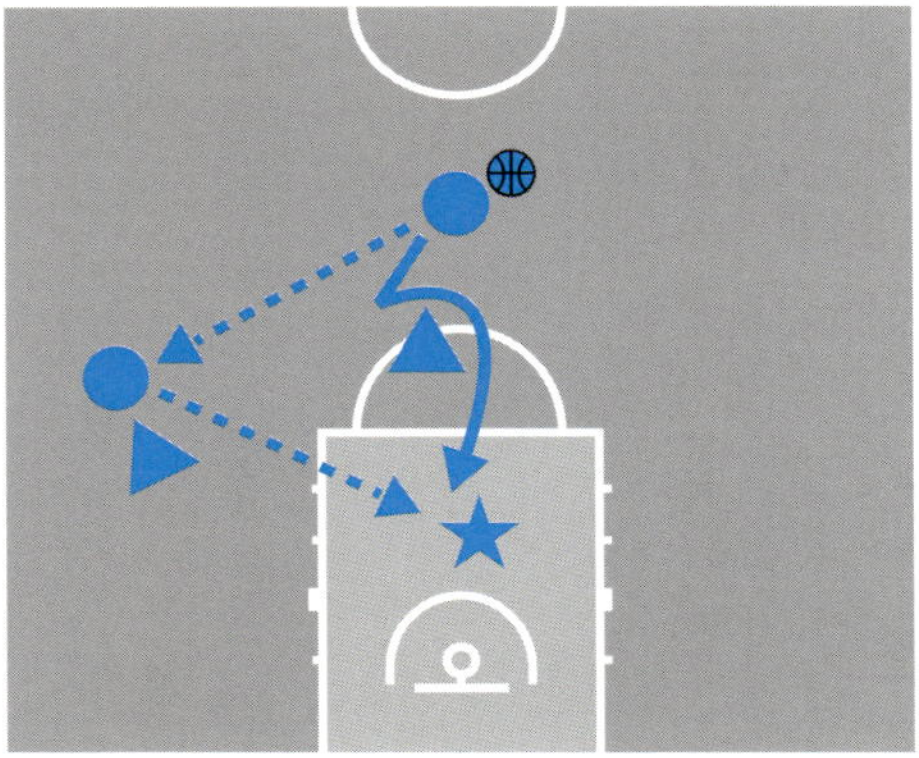

アレンジ

ほかの選手の頭上をこえるようなパスも使える

写真ではバックカットする選手の走りに、バウンドパスでタイミングを合わせています。このプレーができる場合も多いですが、もうひとつおぼえてほしいのが、ふわりとうかせるパスです。ボールサイドカットに比べてこのバックカットはパスの距離が長くなるため、バウンドパスが通りにくい場合があるのです。そこでほかの選手の頭上をこえるようなパスを使うと、バックカットが成功するわけです。

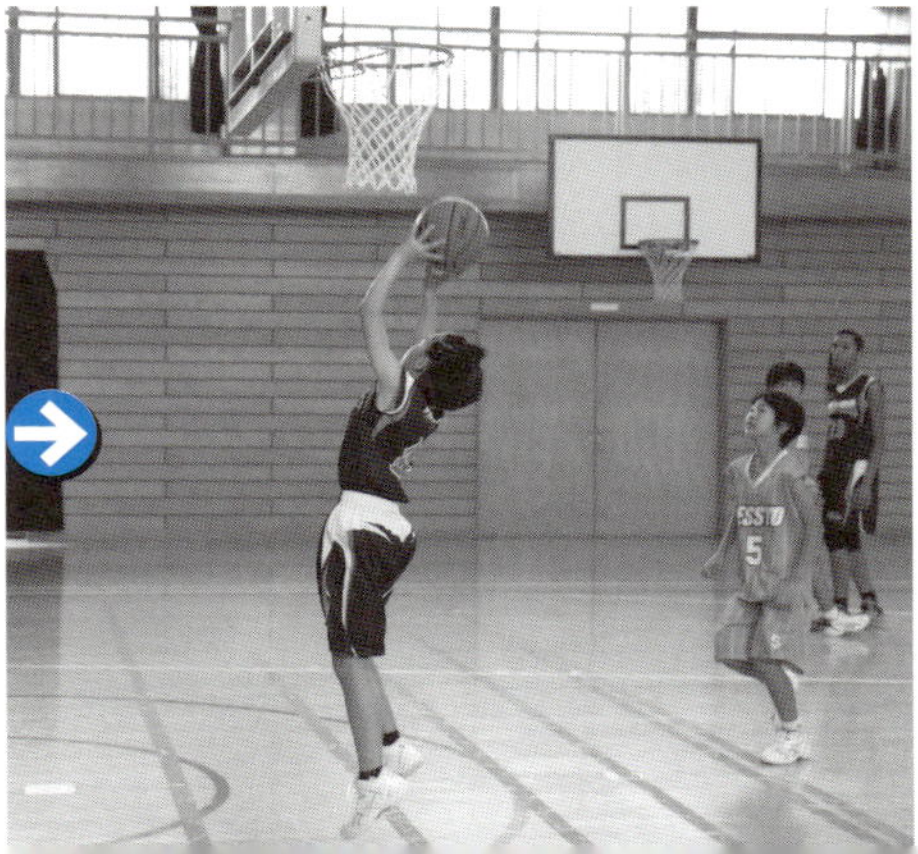

パスを出してボールサイド
を走るそぶりを見せます

相手の後ろからゴー
ルに走りこみます

2人の息を合わせて
パスを成功させます

レイアップシュート
を確実に決めます

ベースラインドライブからの合わせ

2人のディフェンスを引きつけてパスを出す

176ページと178ページは、ゴールに向かって走りこむ選手がパスを受けるプレーでした。ここで紹介するプレーは、ボールマンがゴールに向かってドリブルする「ドライブイン」です。（写真のように）ベースライン側からゴールに向かっているので、「ベースラインドライブ」です（46ページ）。

ボールマンが自分のディフェンスをドリブルで抜くことによって、ほかのディフェンスがヘルプしてきます（148ページ）。そこで2人のディフェンスを引きつけて、チームメートにパスを合わせるのです。

パスを受ける選手は、立ち止まっていたらパスが通りにくいです。パスを受けやすいところに動いてパスを受けるようにしましょう。

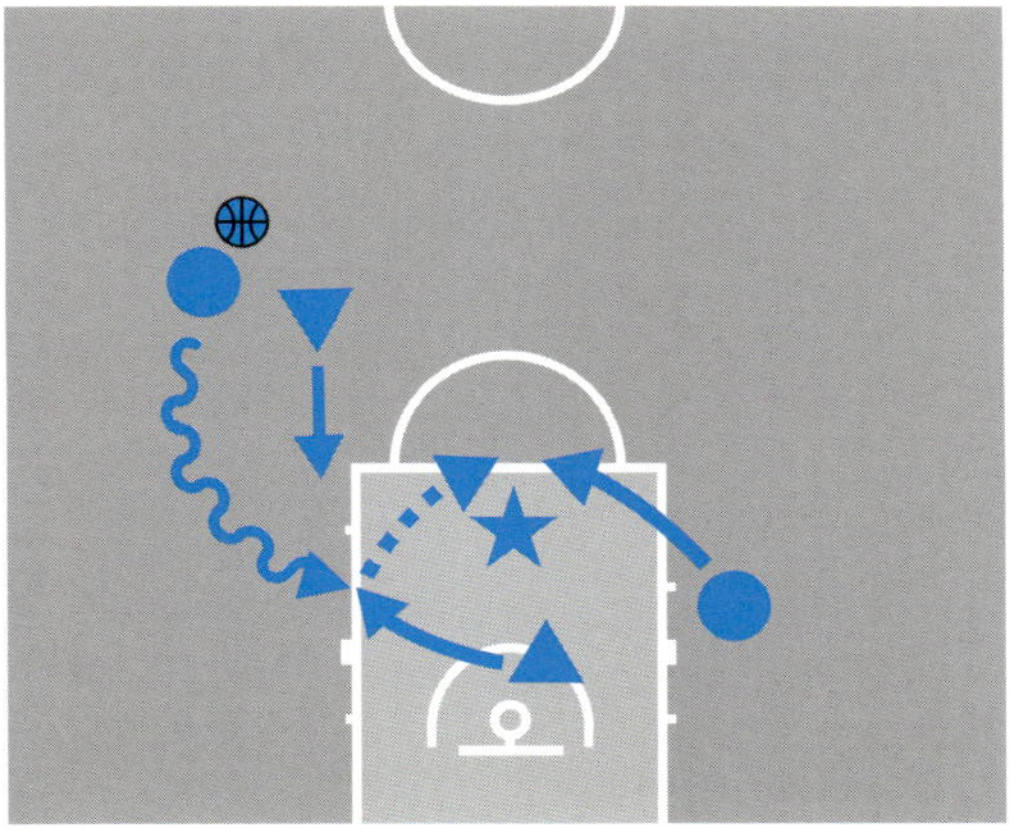

ディフェンスがいない状態でシュートを打つことができます

アレンジ

ヘルプディフェンスがいない時は自分でシュートを打つ

ベースラインドライブした時には、大きな選手がゴール下でディフェンスしている場合が多いです。それだけに大きなチームメートにパスを合わせるプレーが効果的なのです。ただしディフェンスがヘルプしていないのにパスを出そうとすると、相手にボールを取られてしまいます。そういう場合は自分で積極的にシュートをねらいましょう。

ベースラインの方向からドライブインします

ゴール下からヘルプディフェンスがきます

ディフェンスを引きつけてパスを出します

もう1人の選手はパスを受けやすいポジションをとっておきます

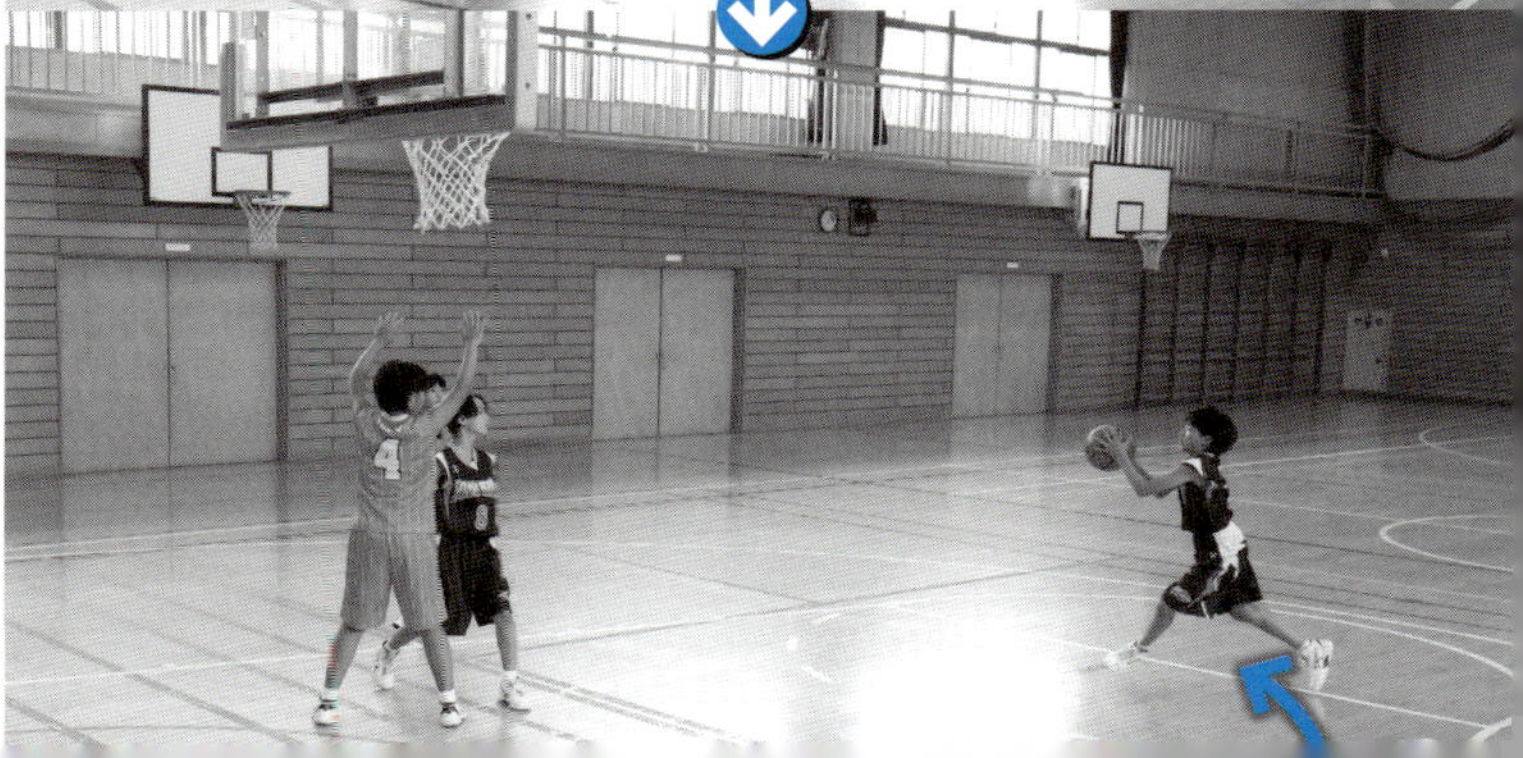

ミドルドライブからの合わせ

コートの状況をよく見ながら動くように

180ページは、ベースライン側からのドライブインでした。今度はコートの中央からのドライブイン「ミドルドライブ」（54ページ）からの合わせです。

ここでもボールマンがディフェンスをドリブルで抜くことによって、ヘルプディフェンスがきます（148ページ）。そうして2人のディフェンスを引きつけて、チームメートにパスを合わせるわけです。

ここではとくにパスの受け方にくふうが必要です。（写真のよう

コートの中央からドライブインします

自分のディフェンスを抜き去ります

ヘルプディフェンスを引きつけます

に）ゴール下に走りこむことによってパスを受けられることがよくあります。また、ボールマンやディフェンスの位置によってパスを受けやすい場所は変わってくるので、コートの状況をよく見ながら動くように心がけましょう。

チェック

全員がパスを受けられる準備をしておく

コートの中央からゴールに向かう「ミドルドライブ」のとくちょうは、ほかのディフェンスを引きつけていろいろなところにパスを出しやすいことです。それだけに1人だけでなく全員がパスを受けられる準備をしておくことが大切です。逆にディフェンスとしては、相手にやられたくないプレーとも言えます。

ゴール下に走りこむチームメートにパスを出します

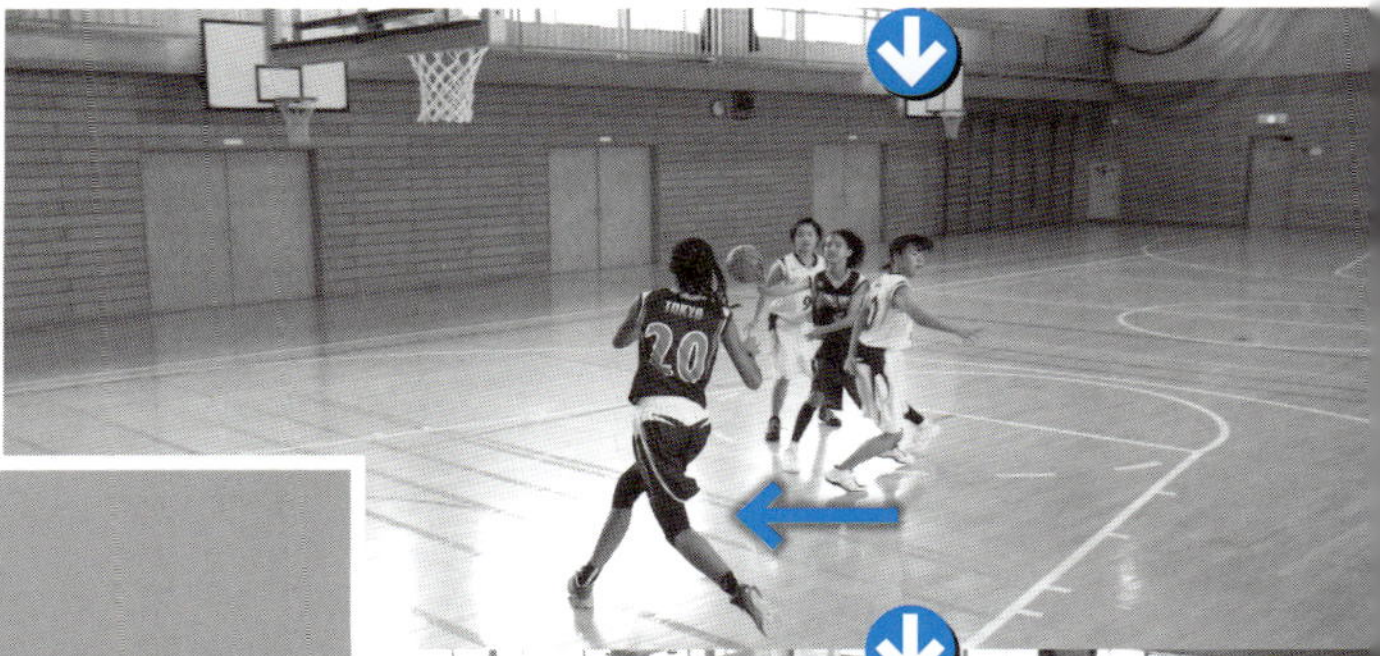

しっかりと止まってパスを受けます

ディフェンスがいない状態でシュートを打つことができます

スクリーンを使ってマークをはずす

ボールマンがスクリーンとぶつかるくらいにすれすれを通る

ディフェンスの動きをじゃまするために立つ攻撃法「スクリーン」を紹介します。ただしリーン」を紹介します。ただし174ページで説明したとおり、しんちょうに取り入れ、正しく行うように心がけましょう。

写真を見てください。パスを出した後、両足を開いて低い姿勢で立ち、ディフェンスとぶつかっているのが「スクリーン」です。そのスクリーンを使って相手ディフェンスのマークをはずし、ドリブルからのシュートに持ちこめるわけです。

チームメートにパスを出します

パスを受けたボールマンに走り寄ってスクリーンをかけます

ボールマンは、ディフェンスがスクリーンにぶつかっているすきにシュートを打つことができます

このようなスクリーンプレーを成功させるうえでもっとも大事なことは、ボールマンがスクリーンとぶつかるくらいにすれすれを通ることです。ボールマンとスクリーンとの間にすき間があると、ディフェンスが入ってきて、対応されてしまうからです。

チェック

ディフェンスのかまえ方を確認しよう

ファウルをしないように男子のかまえ方が基本ですが、体をまもるという意味もあり、男女でかまえ方を変えています。

男子選手のスクリーンのかまえ方

女子選手のスクリーンのかまえ方

わるい

スクリーンが相手ディフェンスを手でおしのけたり、動いてじゃまするのは反則です。一度スクリーンとして立ったら、ディフェンスが離れるまで動かないようにしましょう。

ポイント

スクリーンを横から見ると…

スクリーンの体と、ディフェンス（背番号5番の選手）の体が直角になっています。このような形になるのがスクリーンの理想です。なぜならディフェンスが走るコースを止められている状態だからです。

スクリーンがパスを受ける

スクリーンをマークしていた相手がカバーしてくる

ボールマンがスクリーンを使ってドリブルした時、スクリーンをマークしていた相手ディフェンスがカバーしてくる時があります。このような時には、スクリーンの選手がゴール方向に走ることによって、パスを受けてシュートに持ちこむことができます。

このようなスクリーンプレーを成功させるうえで大切なのは、攻撃2人がディフェンス2人の動きをはあくすることです。どのようなまもり方をしているのかを理解してスクリーンプレーを行うようにしましょう。

ボールマンがスクリーンを使ってドリブルします

スクリーンをマークしていたディフェンスがボールマンを止めようとします

スクリーンだった選手がゴール方向に走ります

アレンジ

ボールがないところでも使える攻撃

ここではボールマンのためにかけるスクリーンプレーを紹介していますが、このスクリーンプレーは、ボールがないところでも使える攻撃であることを知っておきましょう。ボールを持たない選手がスクリーンを使いながら、自分のディフェンスを引き離し、ボールマンからのパスを受けるのです。そうしてシュートチャンスをつくる時にスクリーンプレーが使えるのです。

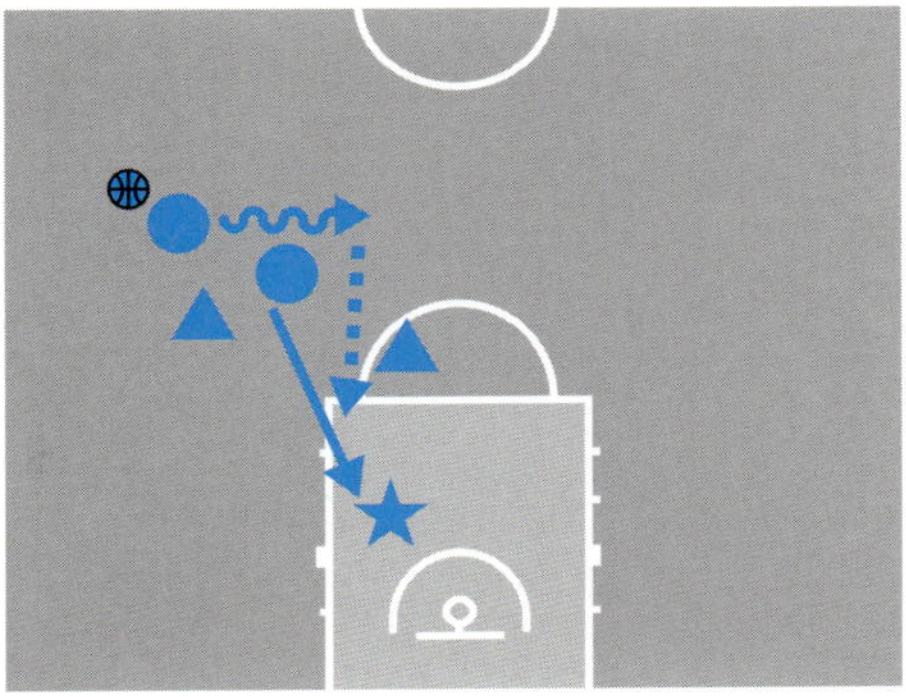

ボールマンからバウンドパスを受けます

レイアップシュートに持ちこむことができます

手わたしパスを使う

手わたしパスを受けながらスクリーンを使うプレー

184ページと186ページはボールマンがスクリーンを使ってシュートチャンスをつくるプレーでした。ここで紹介する走りこむ選手がスクリーンを使うスクリーンプレーは、走りこむ選手がスクリーンを使うかっこうです。

一見するとスクリーンプレーに見えないかもしれませんが、このプレーではボールマンがスクリーンをかけていて、もう1人が手わたしパスを受けながらスクリーンを使い、ディフェンスを引き離しているわけです。

チームメートにパスを出します

パスを出した選手がボールマンのほうに走りこみます

手わたしパスを受けます

アレンジ

手わたしパスを上手に使う

スクリーンプレーとして紹介したこの手わたしパスは、ボール運びなどでも使えます。たとえば、ボールマンがドリブルを止めてパスも出せないような場面で、ほかの選手が走り寄って手わたしパスを受けることで助けてあげることができます。手わたしパスを行う選手は、ボールをディフェンスに触られないように気をつけるように心がけましょう。

ゴールへと向かいます

手わたしパスを行った選手にディフェンスがぶつかります

スクリーンプレーからシュートに持ちこむかっこうです

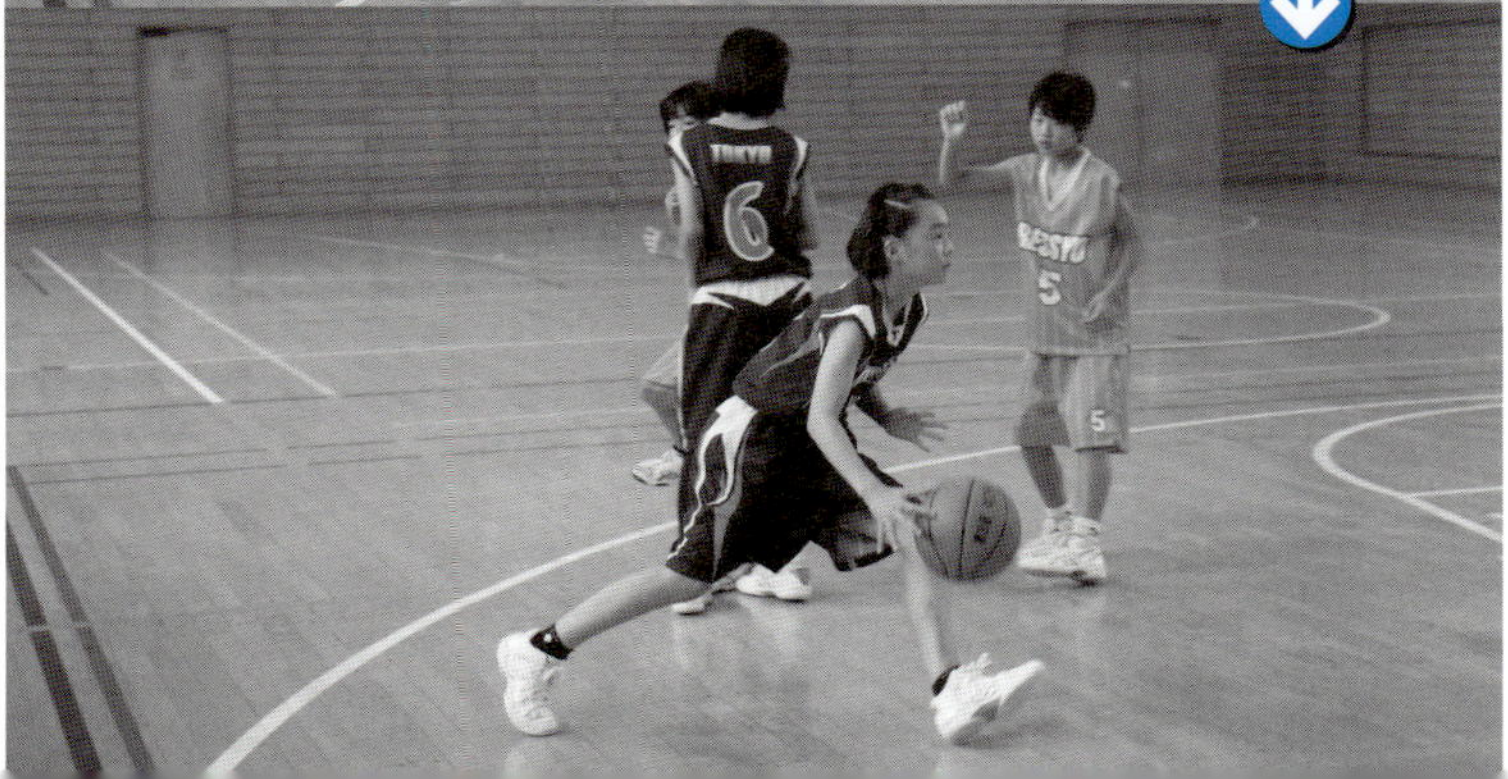

手わたしパスしない

手わたしパスをするふりを見せて自分でプレーする

188ページでは、ボールマンのほうに走りこむ選手が手わたしパスを受けるスクリーンプレーでした。しかしボールマンのほうに走りこむ動きを見ただけで、ディフェンスは手わたしパスをよんで対応してきます。

そこでボールマンは手わたしパスをするふりを見せて自分でプレーします。（写真のように）ドリブルしながらディフェンスを引き離してシュートに持ちこむことができますし、時にはドリブルをせずにそのままシュートを打てることもあります。

ディフェンスの動きをしっかりと見て、プレーを判断するようにしましょう。

ディフェンスを引き離します

手わたしパスをせず、シュートに持ちこむかっこうです

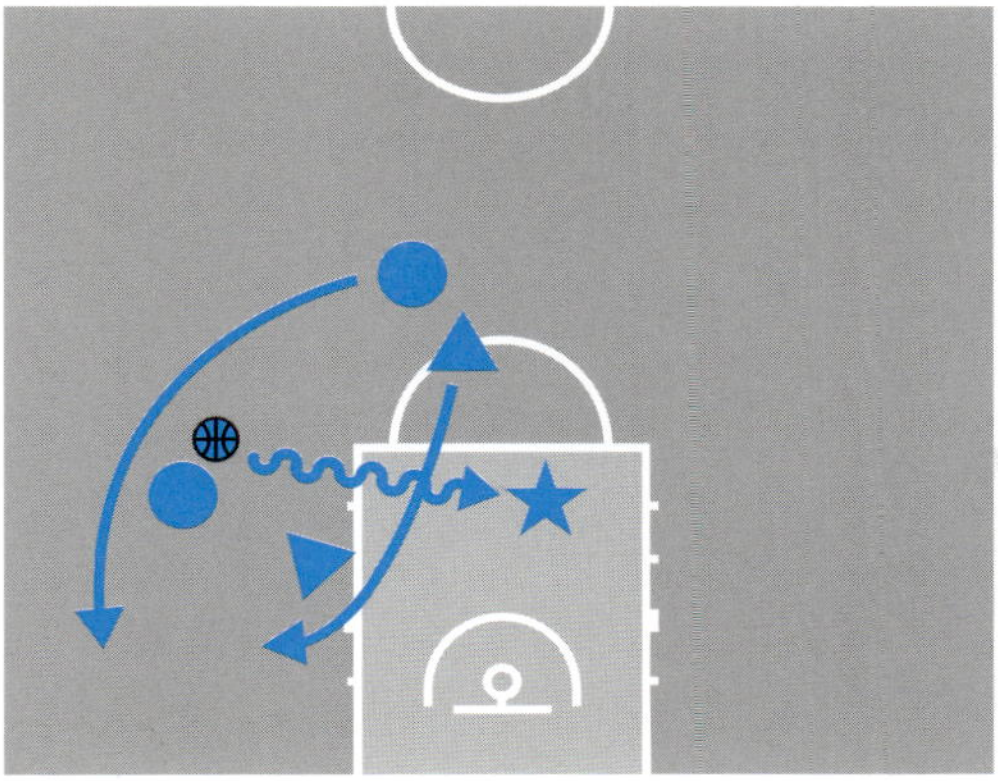

アレンジ

より確率の高いシュートを打てそうな選手にパスを出す

手わたしパスをせずにドリブルした時、ディフェンスがついてくる時があります。そういう場合、走りこんできた選手がパスを受けられる状態になっていることがあります。自分でシュートを打つだけでなく、より確率の高いシュートを打てそうな選手がいたら、パスを出す準備をしておくようにしましょう。

ボールマンのほうに走りこみます

手わたしパスを受けるふりを見せます

ディフェンスがつられたすきに、ボールマンがドリブルします

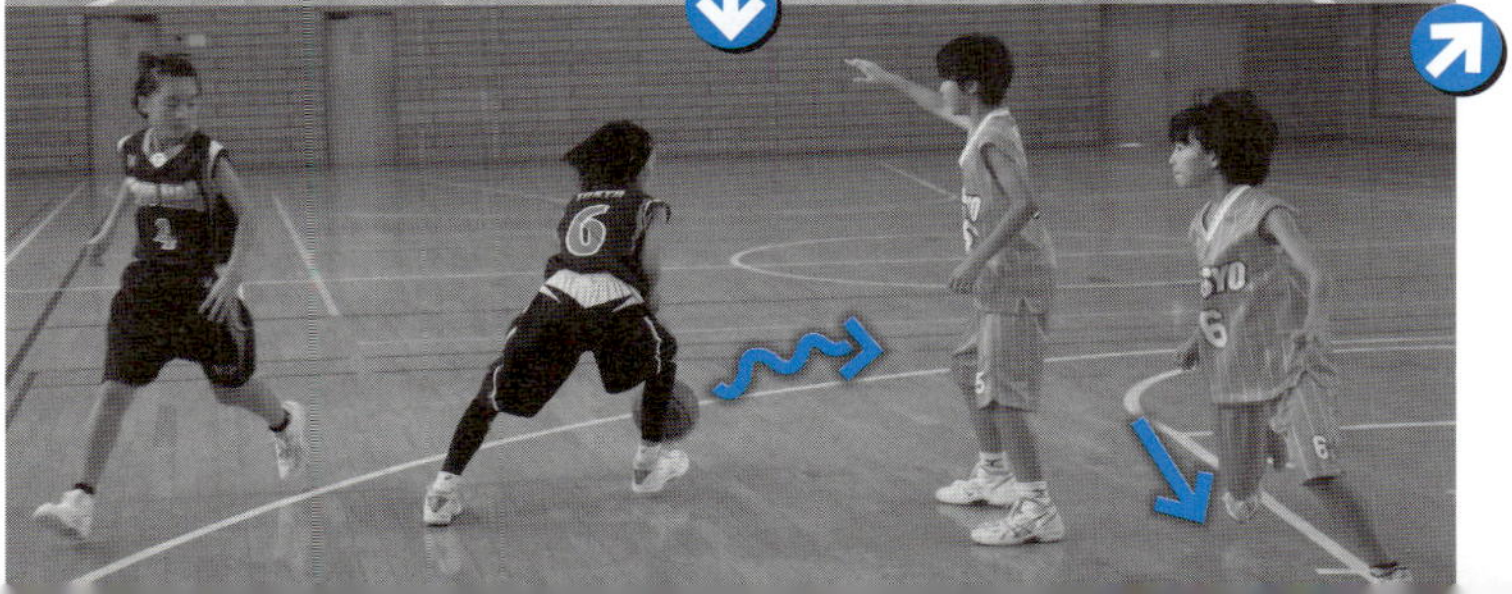

を成功させる

第8章

チームプレー大切な約束ごと

心技体とは

もう少し
がんばって!
私も協力
する!!
あなたを
絶対に
止める!

バスケットボールに必要なのはテクニックだけではない

「心技体（しんぎたい）」という言葉を聞いたことはありますか？

「心技体」のうち、この本で紹介しているテクニックは「技」のことです。つまり、技術のことで「わざ」と読んだほうがわかりやすいかもしれません。反復練習してこの技術をみがくことが大切なのですが、バスケットボールにかぎらず、なんのスポーツを行うにしてもあと2つのことが欠かせません。

そのうちの1つが「体」です。これは文字どおり、「体力」などを意味しています。いいプレーをつづけるには、体力面のスタミナが必要ですし、ポストプレーやディフェンスなど相手とぶつかり合うプレーでは体の強さも必要です。これもまたリバウンドなどでは、ジャンプ力も必要です。これも「体」にふくまれます。

相手を
後ろにふり
向かせない
ようにする!
ありがとう!
ボールを
取れそう!!

このような体力をつけるにはトレーニングが必要です。が、小学生のころから重い器具を使うようなトレーニングをしすぎるとけがをしてしまいます。ですから自分の体重を使った軽いトレーニングから少しずつ行うように心がけましょう。

そして最後の1つが「心」です。絶対にシュートを決める、相手を絶対にディフェンスで止めるという気持ちの強さ、そして(写真のように)チームメートと協力して試合に勝つという強い思いがバスケットボールに欠かせないのです。

チェック

始めたばかりの選手は運動能力を高めていく

「自分の体重を使ったトレーニング」というのはたとえば、腕立てふせ、腹筋、背筋などのことです。どのくらい行えばいいかは選手によって異なるのでここでは触れませんが、上級生などは適度な回数を行うことによって、プレーにもいい影響があります。でも下級生などバスケットボールをまだ始めたばかりの選手は、ボールに慣れながら、運動能力を高めていくことをおすすめします。それが「コーディネーションドリル」です。実戦編となる本書だけでなく、基礎編「基本と能力アップドリル」でもたくさんのコーディネーションドリルを紹介してありますので参考にしてみてください。

2人でボールを運べるようにする

ドリブルとパスを使い分けながら攻撃する

ミニバスケットボールの試合で、勝負のポイントになりやすいのが「ボール運び」をしっかりと行えるかどうかです。つまり、自分のコートから相手のコートにボールを運んで、攻撃できるかどうかということです。

そのために必要なドリブルのテクニックについては第1章（10ページ）で紹介しましたし、それができる選手がチームにいれば、ボール運びを大変だと感じないかもしれません。でも相手チームのディフェンスが強い時など、1人ではボールを運べない時があります。そういう場合はパスを上手に使い、みんなで助け合いながらボールを運ぶように心がけましょう。

その方法は次のように整理できます。

・相手のコートに走った選手も、ボールマンがパスを出せるところまでさがります
・ボールマンは相手に取られないようにパスします
・パスを受けた選手も、ドリブルとパスを使い分けながらボールを運びます

基本型

ドリブルをしないでシュートを打てるところにパスを出しましょう。

ボールを後ろに落としてパス

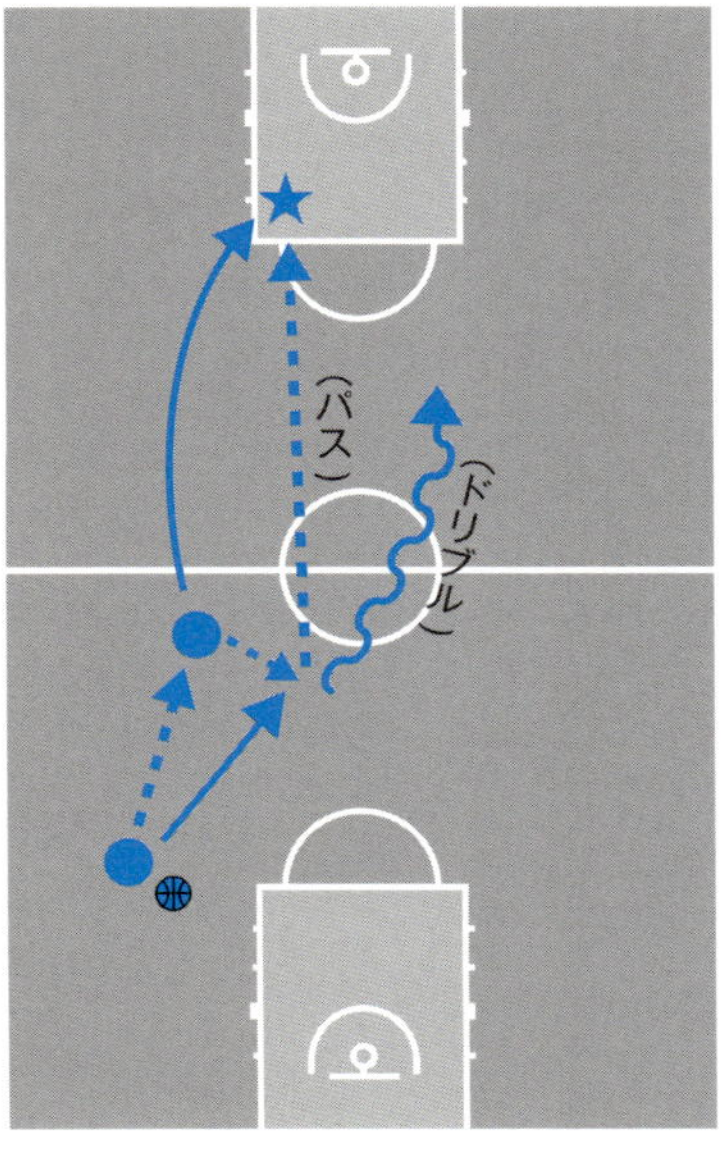
（パス）
（ドリブル）

ボールを後ろに落としてパス

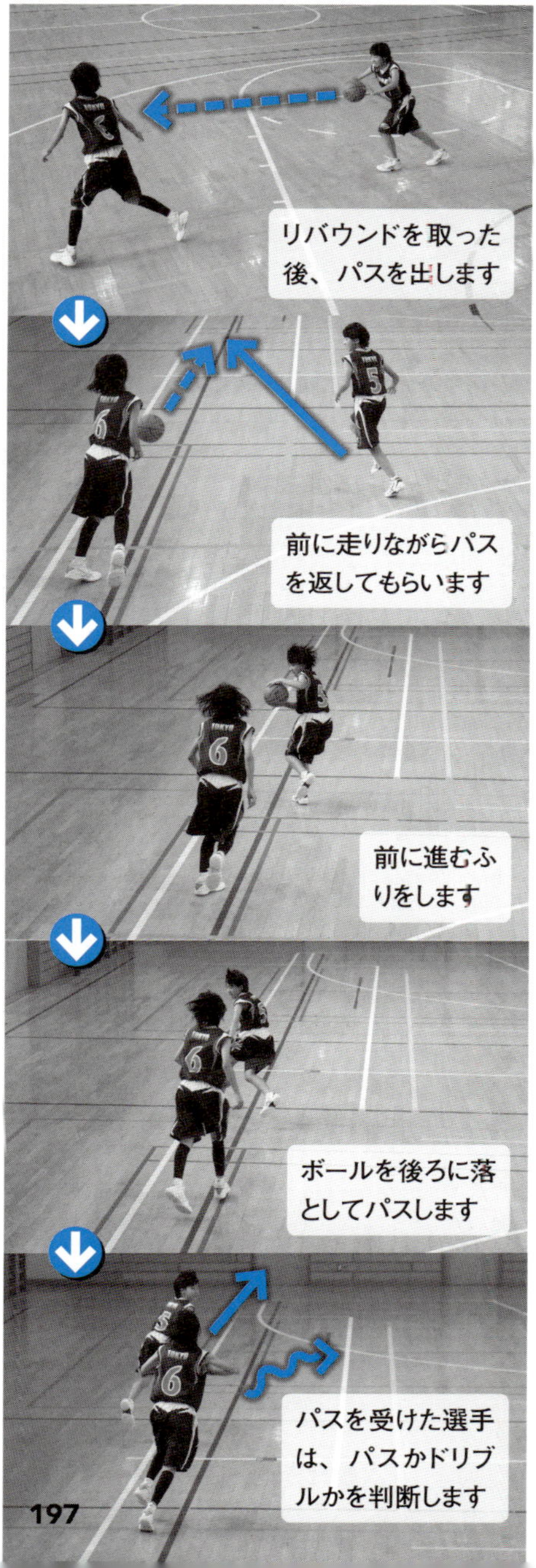

基本型

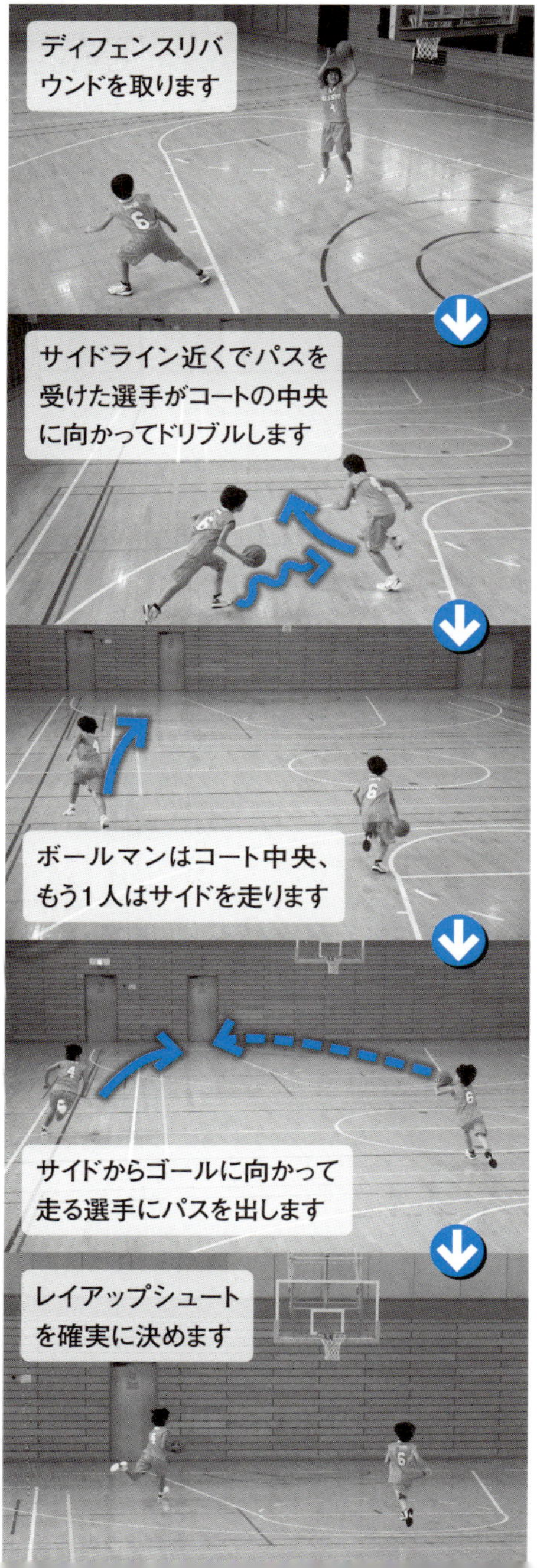

3人のパス交換をスムーズに行う

走るスピードで相手をかわし マークされていない状態で決める

人数を1人増やし、3人のパス交換をスムーズに行えるようにします。それによって3人が息を合わせてボール運びができるようになるのに加え、「速攻」が出やすくなります。

「速攻」とは、相手チームの選手が自分たちのコートにもどらないうちに、レイアップシュートなどをすばやく、しかも確実に決めてしまう攻撃のことです。相手ディフェンスが1人もいないのが理想ですが、ディフェンスが1人いても、攻撃が2人以上いれば、速攻に持ちこむことができます。

速攻のとくちょうは、走力をいかせる

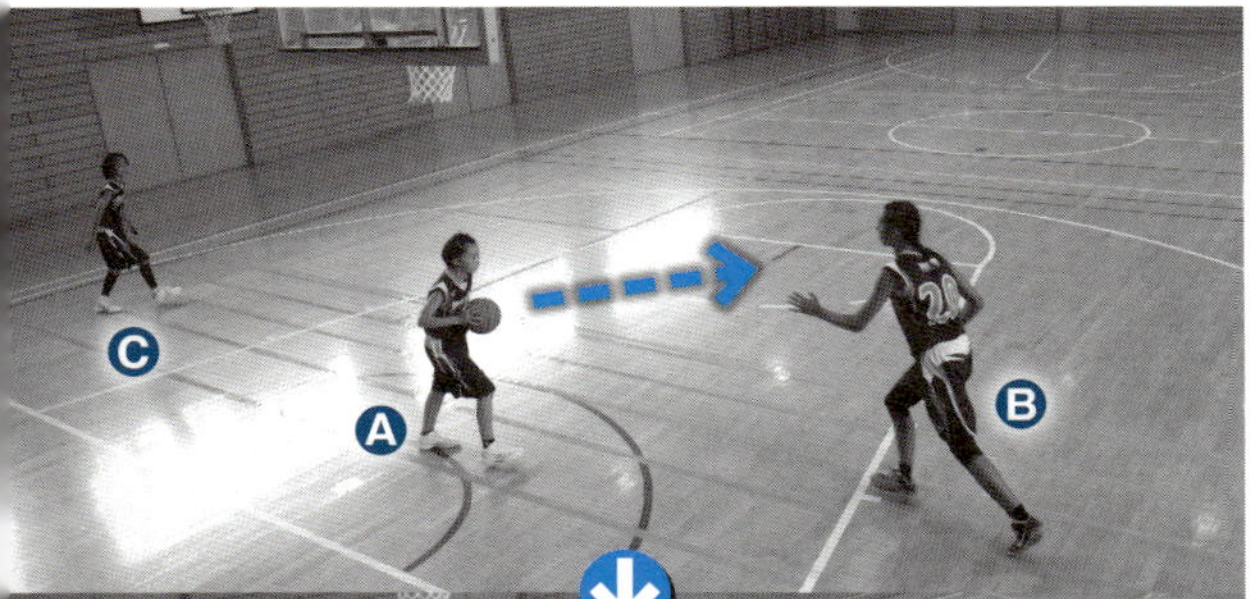

AからBにパスを出します

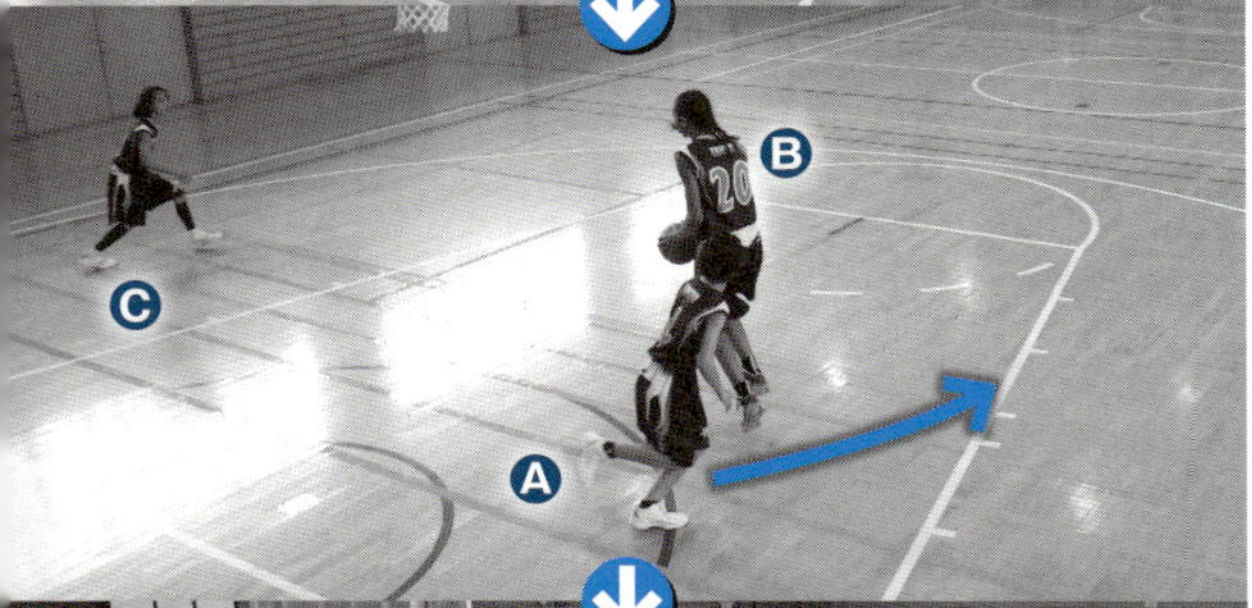

Aはサイドラインのほうに走ります

BからCにパスを出します

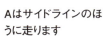

ところです。相手チームのほうが、身長が高い時などゴールの近くでの戦いは不利になる場合が多いです。でも速攻であれば、走るスピードで相手をかわし、マークされていない状態でレイアップシュートを決めることができるのです。

チェック

中学生以上は速攻から「3ポイントシュート」をねらうチームが増えている

中学生以上の試合では、3ポイントシュートラインの外からシュートを決めると「3点」が入るルールです。そこで速攻からレイアップシュートではなく、3ポイントシュートを決めようとするチームも少なくありません。アメリカのプロリーグ・NBAでもそういうチームが増えていることを知っておいてください。ただしミニバスケットボールでは3ポイントシュートはないので、ゴール下からのレイアップシュートを確実に決められるように練習しましょう。

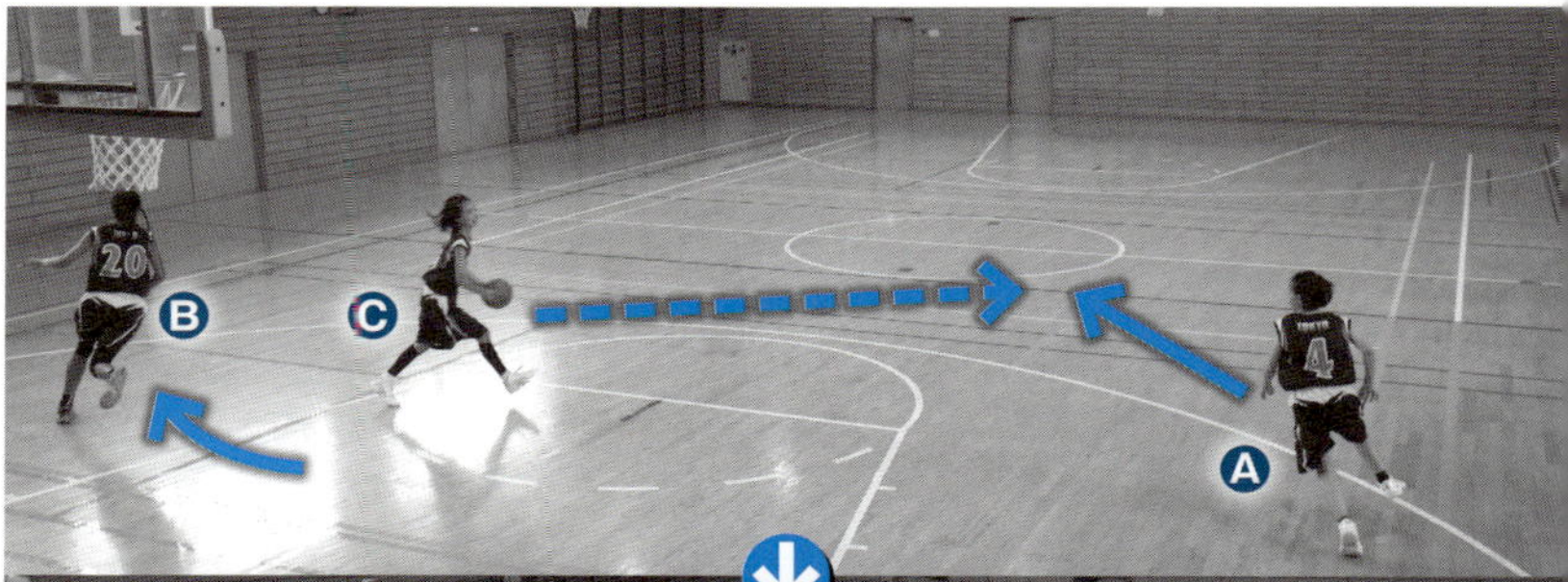

Bはサイドラインのほうに走ります

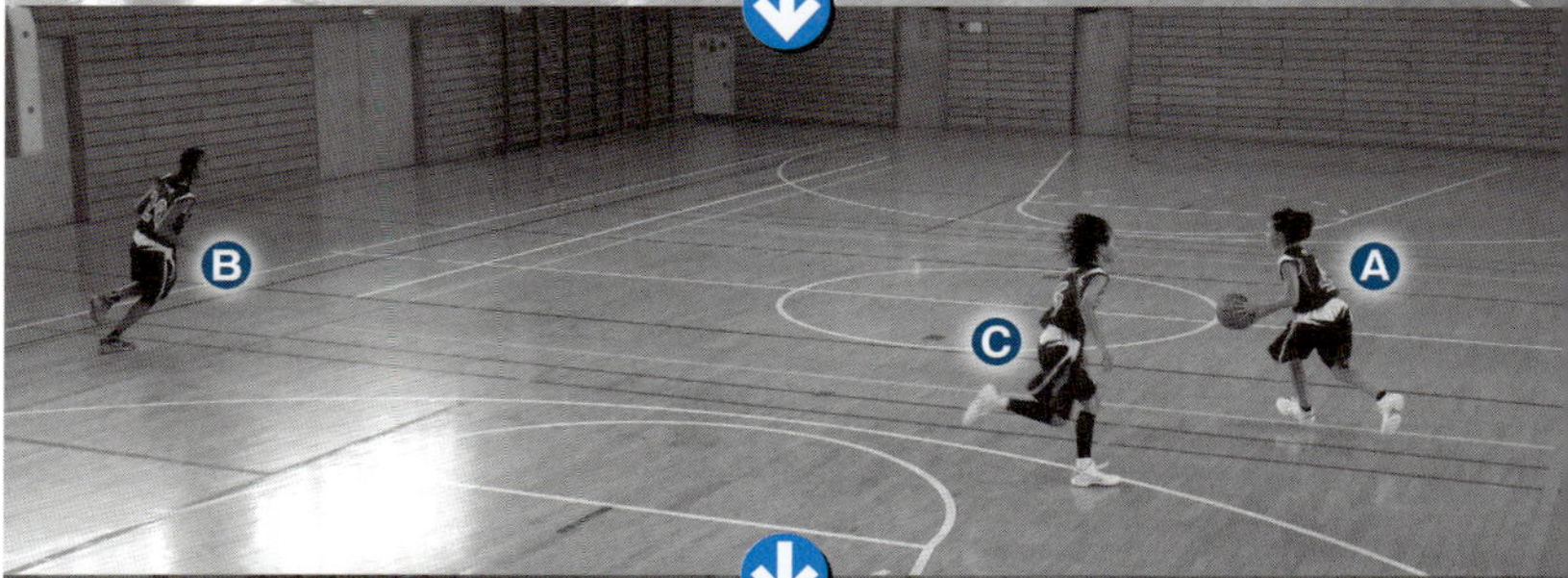

コート中央でAがCからパスを受けます

試合では相手ゴールに向かって走り、このパスの本数を少なくすることで速攻につなげることができます

4人でボールを運べる形をつくっておく

パスアンドランやポストプレーを使ってボールを運ぶ

さらに人数を1人増やし、4人の息を合わせてボールを運ぶ形をつくっておきましょう。その攻撃例が写真のような動きです。

こうした形をつくるうえで大切にしてほしいのは、パスアンドランなどの動きを有効に使うことです。ボールマンのほうから走りこむボールサイドカットや、相手の裏のスペースに走りこむバックカットをボール運びで行うことによって、安全にボールを運ぶ

リバウンドを取ったⒶがサイドにいるⒷにパスを出します
Ⓐ
Ⓑ
Ⓒ
Ⓓ

いったん相手コートに入ったⒸがⒷからのパスを受けます
Ⓐ
Ⓑ
Ⓒ
Ⓓ

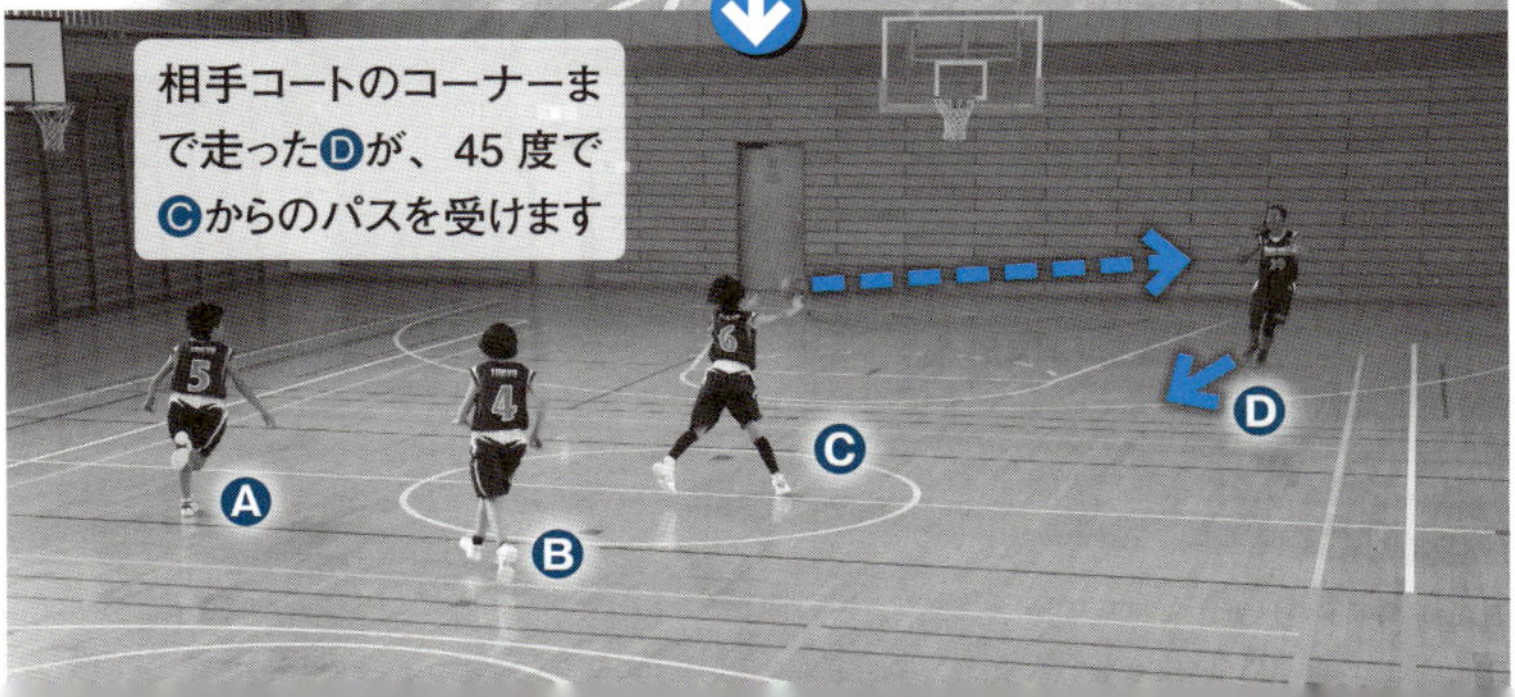
相手コートのコーナーまで走ったⒹが、45度でⒸからのパスを受けます
Ⓐ
Ⓑ
Ⓒ
Ⓓ

ことができます。

そしてゴール下のプレーとして紹介したポストプレーもボール運びで使えます（82ページ）。たとえば、いったん相手コートに入った選手がもどってきてセンターサークル付近でポストマンとなり、その選手にパスを出すのです。そうすることで相手にボールを取られず、ボールを運べるようになります。

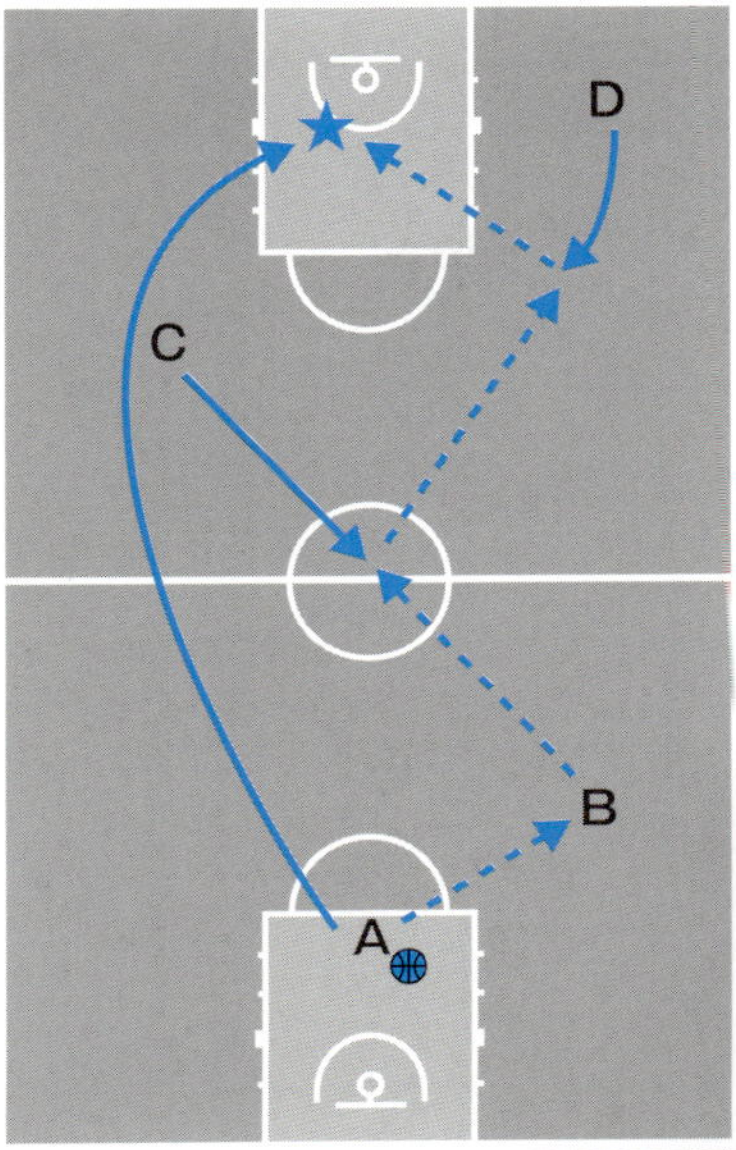

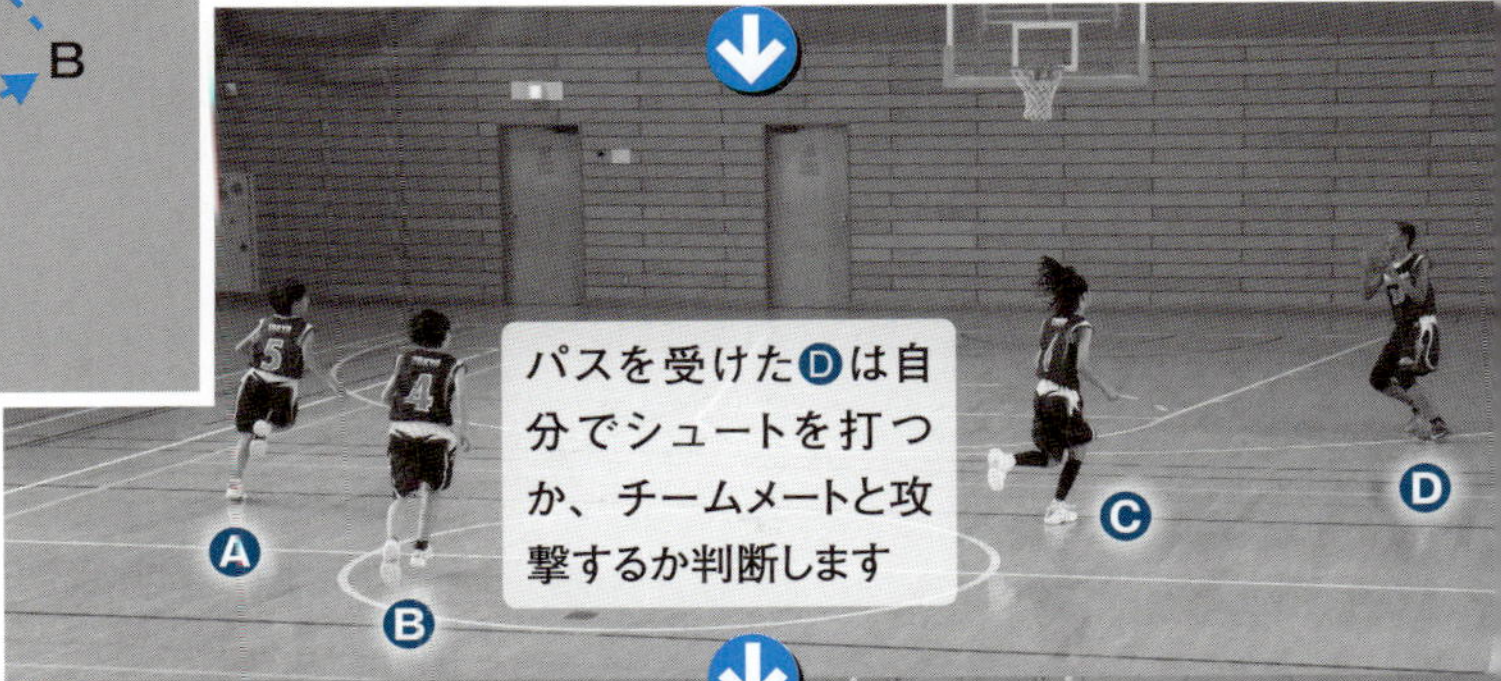

パスを受けたⒹは自分でシュートを打つか、チームメートと攻撃するか判断します

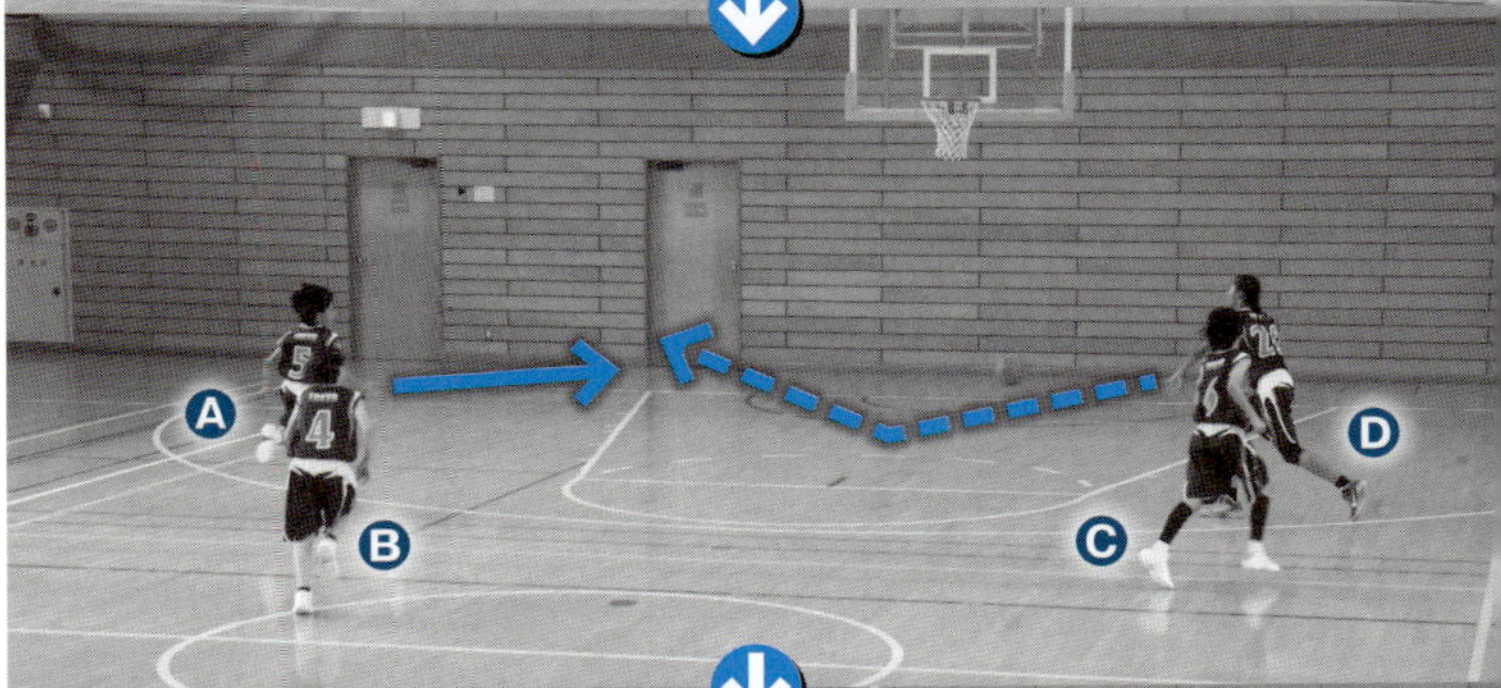

最初にリバウンドを取ったⒶが攻撃参加します

全員で動いてつくった形からレイアップシュートを決めます

ペンタゴン

※太字がボールマンです。左右はゴールに向かっての表記です。→が選手の動きです

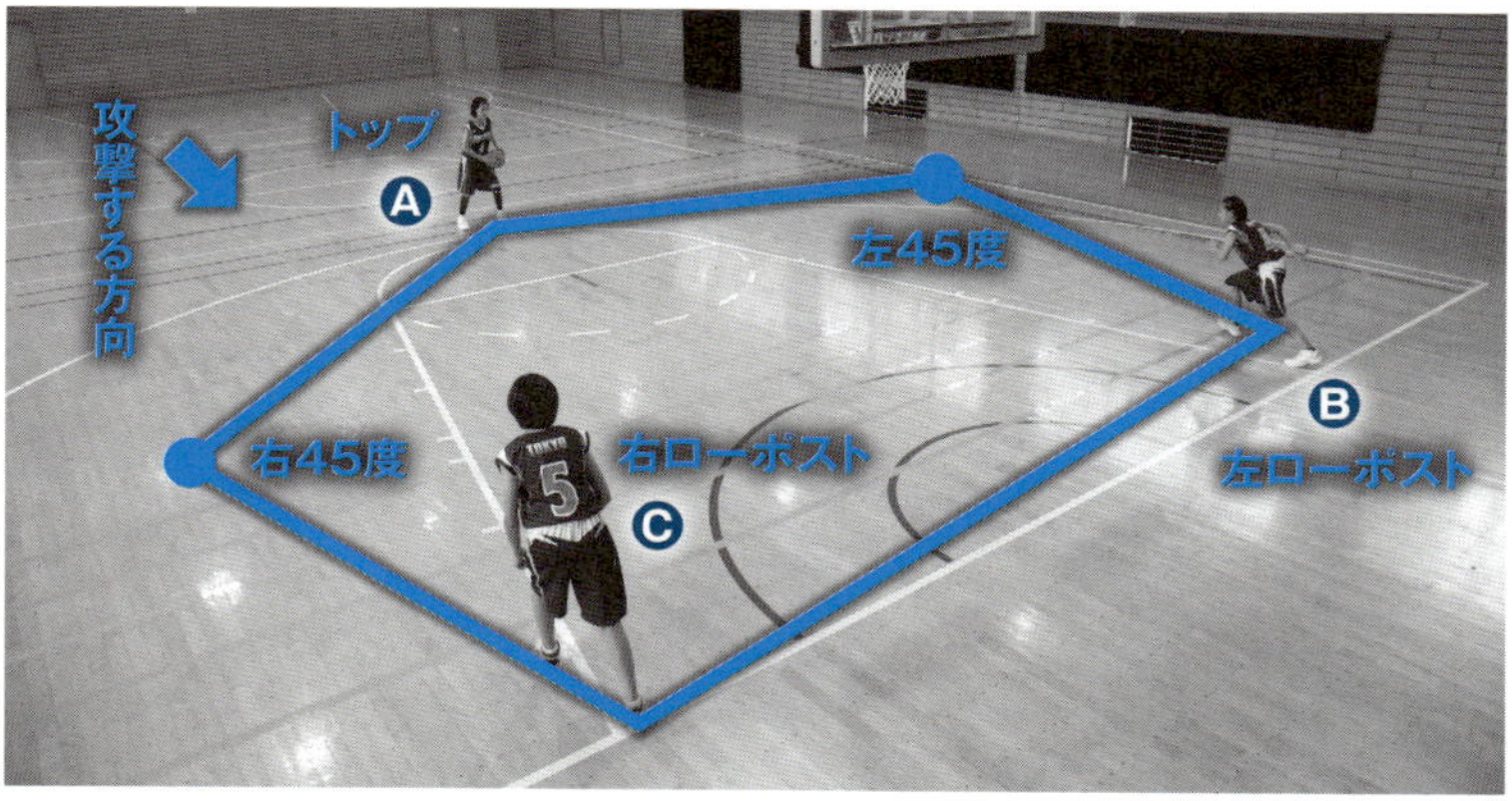
攻撃する方向
トップ
A
左45度
B
左ローポスト
右45度
右ローポスト
C

ボールマンⒶがトップ、Ⓑが左ローポスト、Ⓒが右ローポストにポジションをとり、右45度、左45度をふくめた5つの地点を移動しながらパス交換します

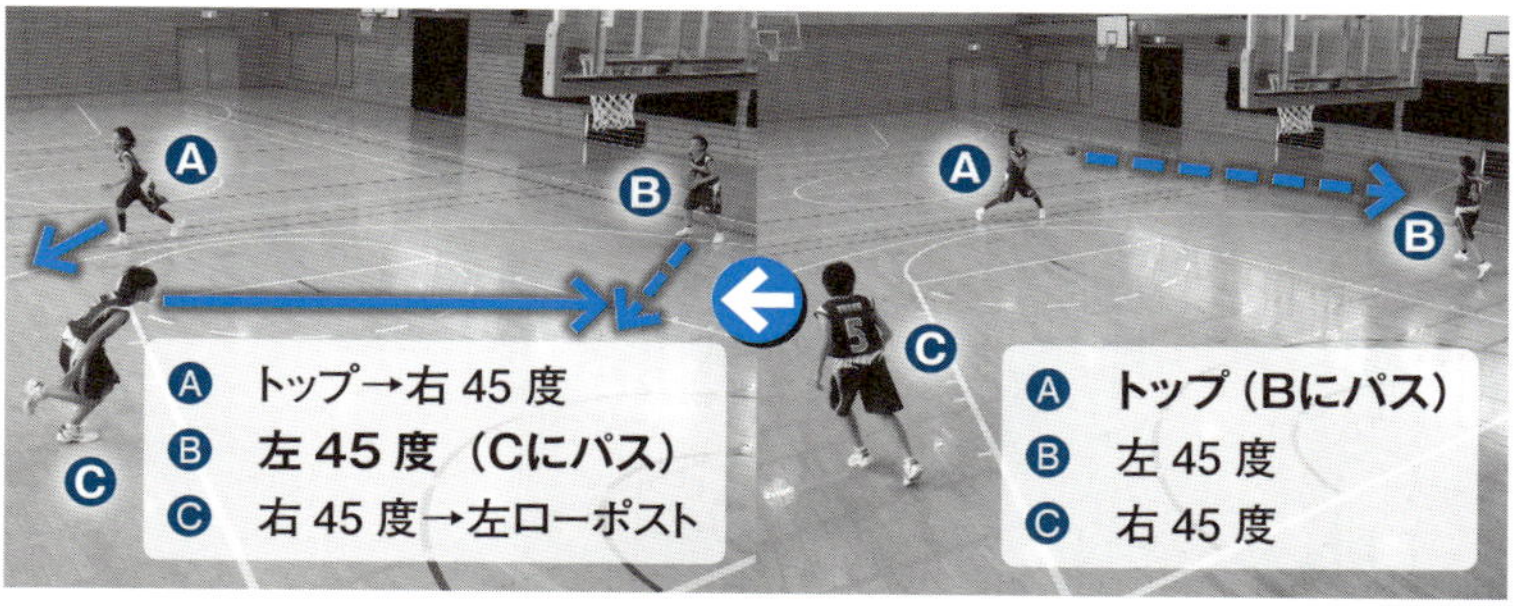
A
B
C
Ⓐ トップ→右45度
Ⓑ **左45度（Cにパス）**
Ⓒ 右45度→左ローポスト
A
B
C
Ⓐ **トップ（Bにパス）**
Ⓑ 左45度
Ⓒ 右45度

最低限の約束ごとをつくりプレーを発揮しやすくする

5人で攻撃するわけですから5人の動きを決めたほうがチームプレーはうまくいきそうなものです。でも1人1人の動きを決めすぎると、その動きにしばられてシュートをねらわなくなります。そこで最低限の約束ごとにとどめます。

そうしたチームプレーの形をそなえさせてくれるのが「ペンタゴン」です。ちなみに「ペンタゴン」とは5角形のことです。トップ―左右の45度―左右のローポスト、それぞれの地点を意識して動くことによってスペースが確保され、おたがいの動きを合わせやすくなります。

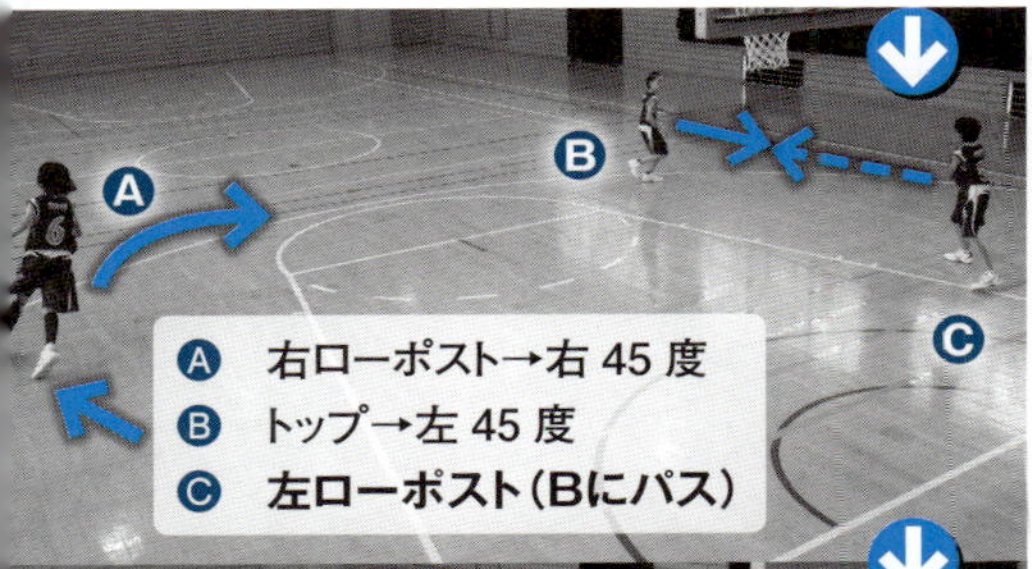

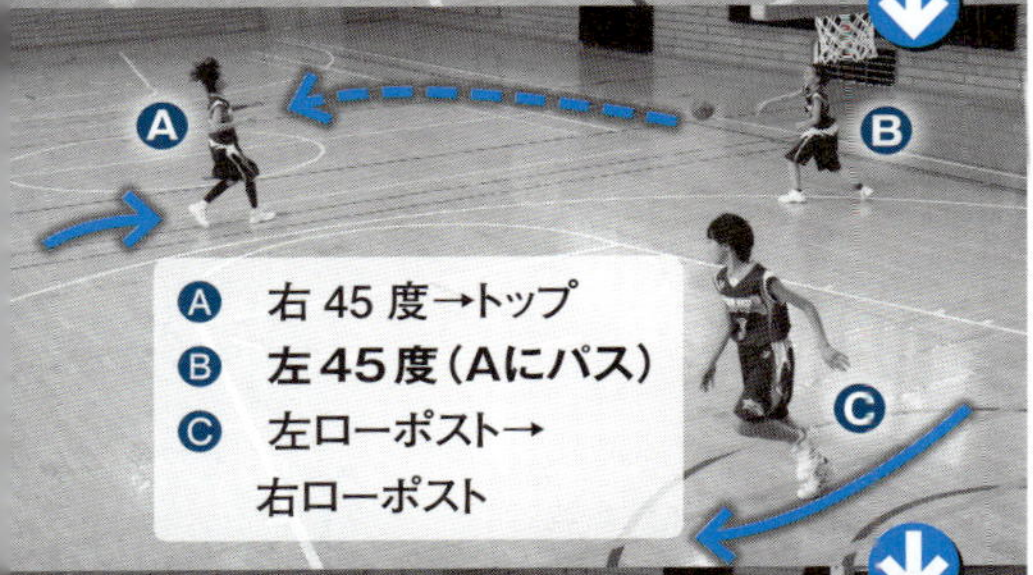

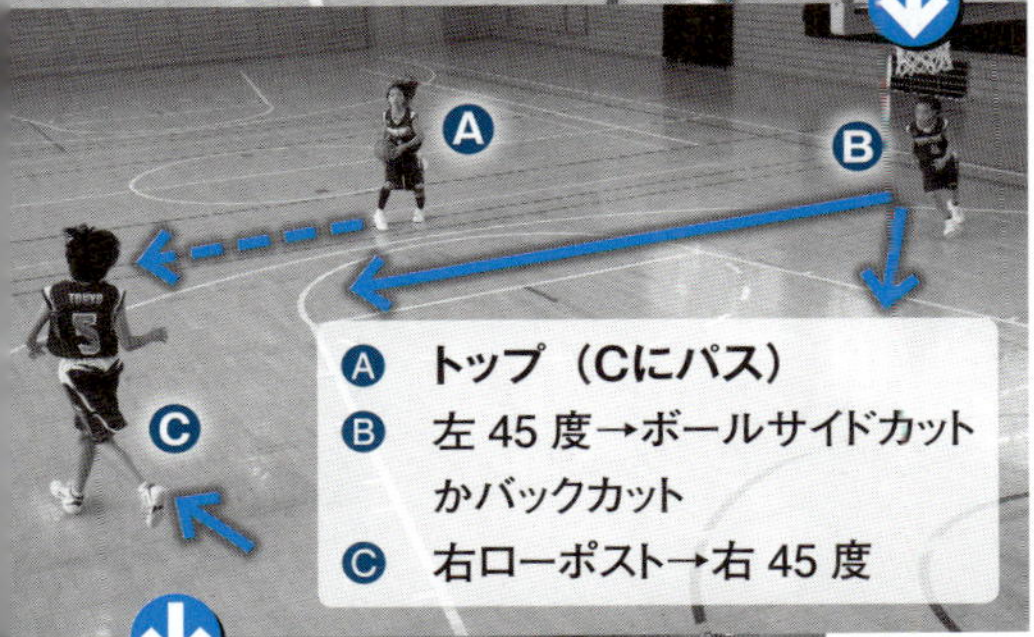

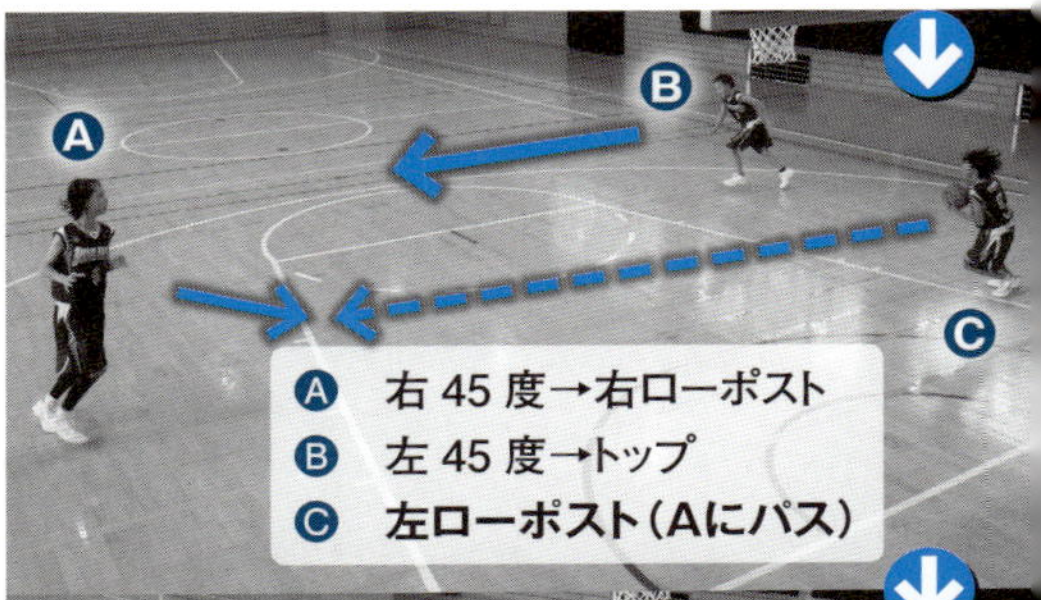

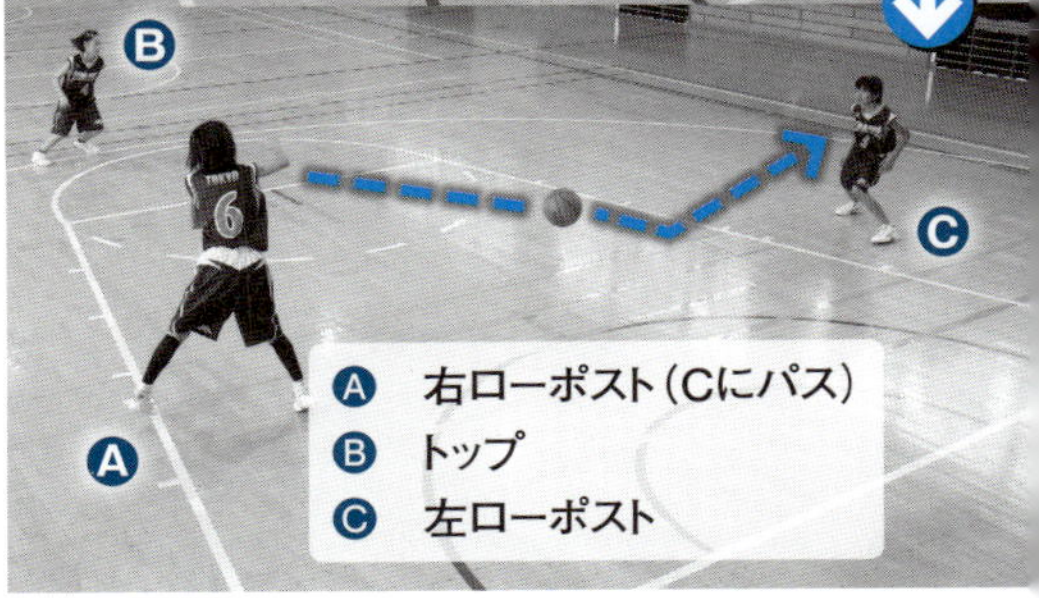

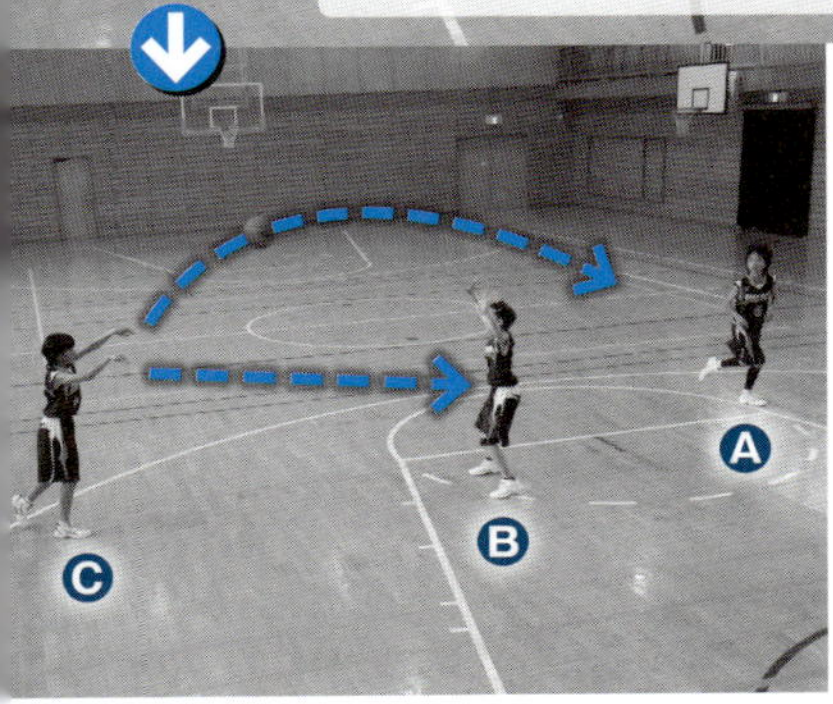

Cは、ボールサイドカットするBか、裏のスペースに走りこむAにパスを出してシュートを打たせます

ポイント

フロアバランスをとって攻撃を展開する

相手のゴール付近で攻撃する場合、5人がおたがいの動きをじゃましないようにすることが大切です。ボールマンが1対1や2対2で攻撃しようとしているのに、ほかの選手が近寄ると攻撃するうえで必要なスペースがなくなってしまうからです。そのようにコートのバランスをとれるようにポジションをとることを「フロアバランス」と言います。

マンツーマンディフェンスのルール

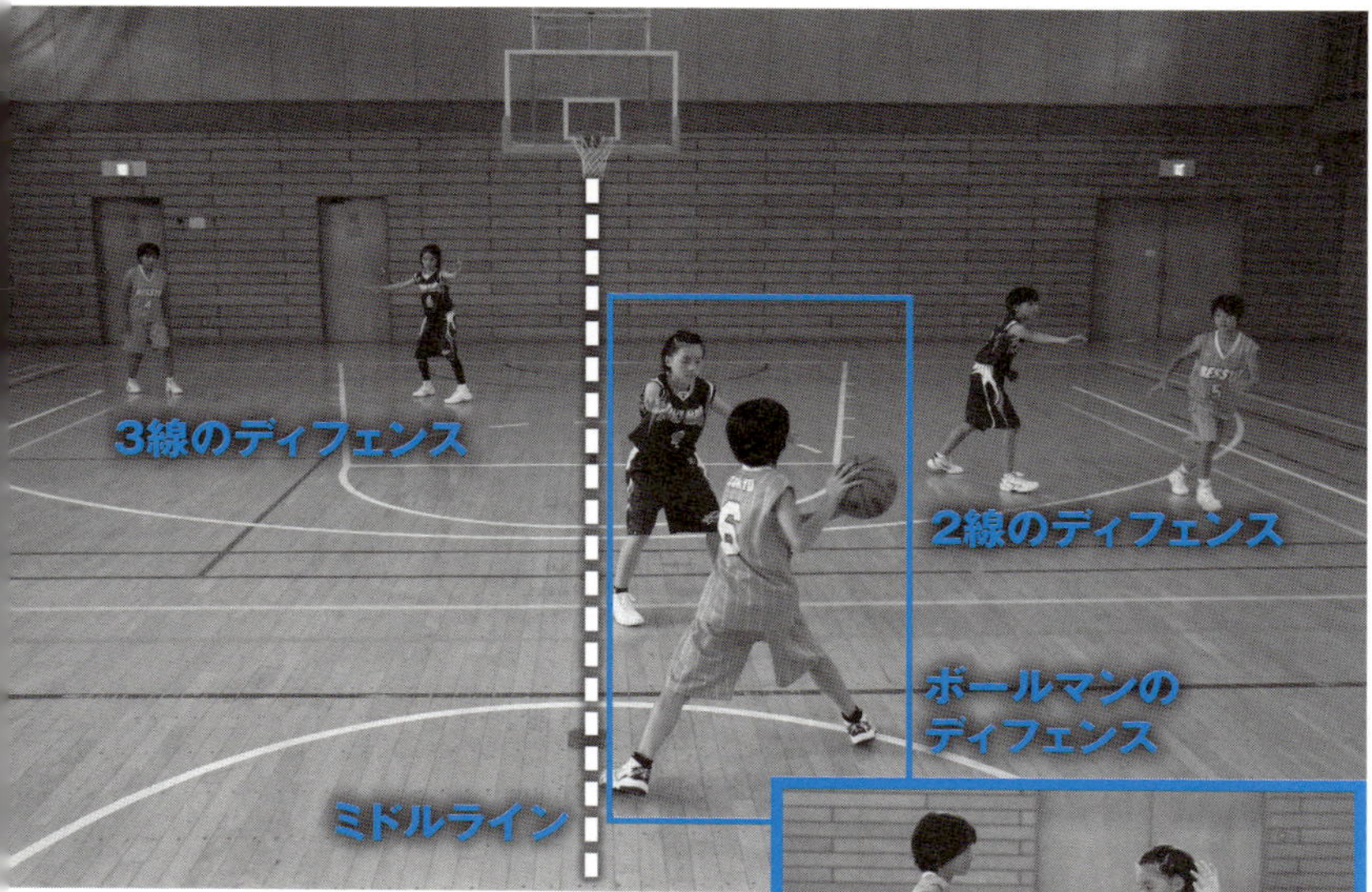

ボールマンのディフェンスは相手に対して1メートル 50 センチ以内

ポイント

「マンツーマンディフェンス」のルール

- マッチアップエリア（左参照）でボールマンのディフェンスは、相手に対して1メートル 50 センチ以内にポジションをとってマークします
- コートを半分に分け、ボールマンとは違うサイドにいる選手をマークするディフェンスは、ミドルラインをこえてポジションをとることはできません
- ボールを持っていない選手を複数でまもってはいけません

チェック

ルールに関する発表があったら確認する

「マンツーマンディフェンス」のルールはまだできたばかりです。したがってルールについて変更点が出てくる可能性も考えられます。それだけに日本バスケットボール協会や日本ミニバスケットボール連盟からルールに関する発表があったら、確認するように心がけましょう。

チームディフェンスをルールにのっとって行う

ミニバスケットボールのディフェンスは、1人が1人をマークする「マンツーマンディフェンス」しか行うことができません。つまり、5人がスペースをうめながら待ちかまえる「ゾーンディフェンス」は反則となってしまうということです。それだけに5章（126ページ）で触れたディフェンスの技術を大事にしてほしいと思います。

でもボールマンがドリブルでディフェンスを抜いた時など、ディフェンスは自分がマークする選手から離れてチームメートを助けることもできます。そうしたチームディフェンスをルールにのっとって行えるように「マンツーマンディフェンス」のルールについて整理しておきましょう。

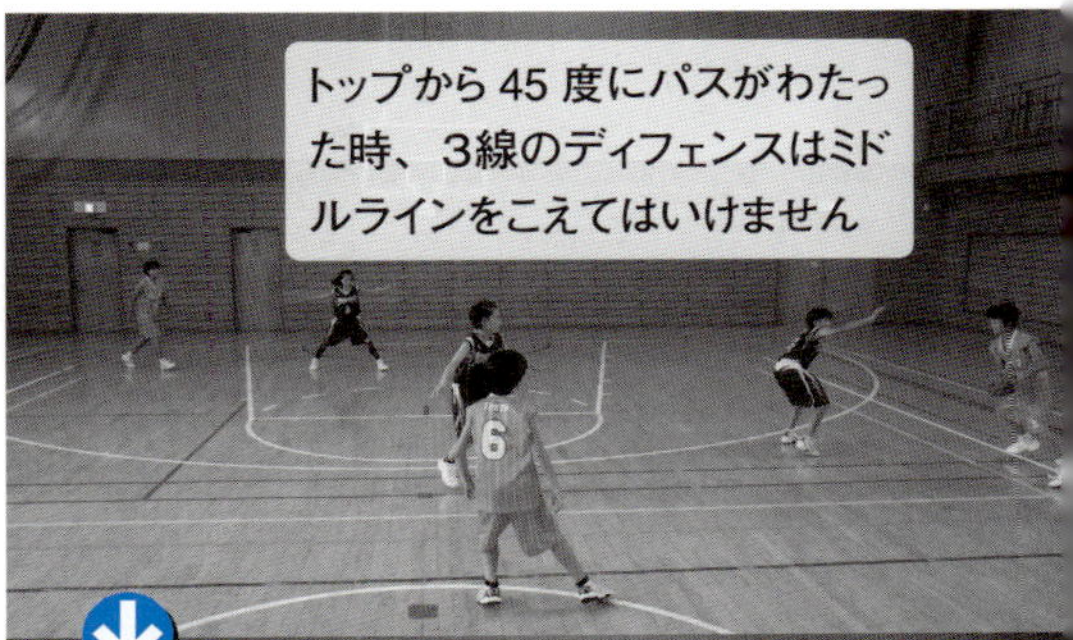
トップから45度にパスがわたった時、3線のディフェンスはミドルラインをこえてはいけません

45度のボールマンがドリブルで抜かれたら、3線のディフェンスはミドルラインをこえることができます

マンツーマンのルールでも2人がかりでディフェンスすることはできます

✕ わるい　ボールが、自分がマークする選手とは逆サイドにある時、3線のディフェンスがミドルラインをこえると反則になってしまいます

マッチアップエリア

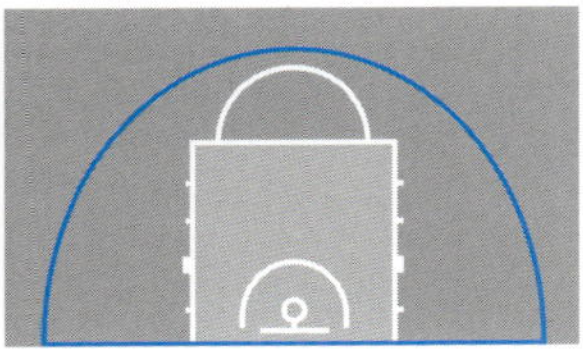

■ボールマンから1.5m以上はなれてはいけない場所。

あとがき

自分より強い相手、自分より大きな相手に自分のプレーが通用するかためしてみましょう

バスケットボールは、ディフェンスとかけひきし、相手の裏をつきながらシュートチャンスをつくるくふうが必要となるスポーツです。とくに小学生年代の選手にとっては、自分をマークする相手との戦いである「1対1」を大事にしてほしいと思います。

その1対1が強くなるために大切なのは、失敗をおそれないことです。どんなに有名なスーパースターでも、シュートを失敗したことがありますし、相手ディフェンスにボールを取られたことがあるはずです。そうした経験を重ねながら、うまくなっていくのです。

ですから失敗をこわがらず、積極的に1対1に挑戦してみてください。自分より強い相手、自分より大きな相手に自分のプレーが通用するかためしてみましょう。そうした時の成功が自信となり、うまくなっていくはずです。

みなさん1人1人のスキルアップすること、そして試合での活躍を心より、いのっています。勝ち負けにはあまりこだわらずに、これからもバスケットボールを大いに楽しんでください。

大熊徳久

監修者

大熊徳久

おおくま・のりひさ／昭和36年2月14日生まれ、東京都出身。ミニバスケットボールを指導して32年。長房ミニバスクラブ、大和田ミニバスクラブのアシスタントコーチとして4回、全国大会に出場し、ブロック優勝にチームを導いたこともある。現在は陶鎔ミニバスケットボールクラブで指導するとともに、下記を兼務する。

・日本バスケットボール協会
　ユース育成事業マネジメントグループ　U-12担当
・日本ミニバスケットボール連盟　普及技術委員会／技術部長
・東京都ミニバスケットボール連盟　技術委員会／技術委員長
・日本バスケットボール協会公認B級コーチ

撮影協力

陶鎔ミニバスケットボールクラブ

椚田バスケットボールクラブ（男子）

別所ビーバーズ

STAFF
編集　　　　　渡辺淳二
写真　　　　　小林　学
本文デザイン　上筋英彌・上筋佳代子（アップライン株式会社）
カバーデザイン　柿沼みさと

パーフェクトレッスンブック

ミニバスケットボール 個人技《こじんぎ》とチーム力《りょく》向上《こうじょう》ドリル

監　修　大熊徳久《おおくまのりひさ》
発行者　岩野裕一
発行所　株式会社実業之日本社
〒153-0044　東京都目黒区大橋1-5-1　クロスエアタワー8階
[編集部]03(6809)0452　[販売部]03(6809)0495
実業之日本社ホームページ　http://www.j-n.co.jp/

印　刷　大日本印刷株式会社
製本所　株式会社ブックアート

ISBN978-4-408-45610-2

1610(01)